2022年度天津市教育科学规划课题成果（项目编号

新时代高职院校劳动教育研究

吴国旭　孙　皓　贾　帅　著

北京理工大学出版社
BEIJING INSTITUTE OF TECHNOLOGY PRESS

版权专有　侵权必究

图书在版编目（CIP）数据

新时代高职院校劳动教育研究 / 吴国旭, 孙皓, 贾帅著. -- 北京：北京理工大学出版社, 2025.6.
ISBN 978-7-5763-5478-2

Ⅰ. G40-015

中国国家版本馆CIP数据核字第2025TJ3344号

责任编辑：鲁　伟	文案编辑：邓　洁
责任校对：周瑞红	责任印制：李志强

出版发行 ／ 北京理工大学出版社有限责任公司
社　　址 ／ 北京市丰台区四合庄路6号
邮　　编 ／ 100070
电　　话 ／ （010）68914026（教材售后服务热线）
　　　　　　（010）63726648（课件资源服务热线）
网　　址 ／ http：//www.bitpress.com.cn

版 印 次 ／ 2025年6月第1版第1次印刷
印　　刷 ／ 河北盛世彩捷印刷有限公司
开　　本 ／ 787 mm×1092 mm　1／16
印　　张 ／ 8
字　　数 ／ 188千字
定　　价 ／ 88.00元

图书出现印装质量问题，请拨打售后服务热线，负责调换

前言 Preface

随着中国社会经济的迅速发展和教育改革的深入推进，劳动教育作为培养高素质人才的重要手段，越发受到各界的关注。在新时代背景下，劳动教育不仅是技能传授的方式，更是实现学生全面发展的重要途径。在党和国家政策的推动下，劳动教育已成为高职院校教育体系中的核心内容，不仅要帮助学生掌握必要的职业技能，还要培养其社会责任感、创新能力和团队合作精神。

本书的研究与写作，源于2022年度天津市教育科学规划课题《新时代劳动综合育人功能研究》（项目编号：BJE220015）。该课题由主编吴国旭主持，依托天津渤海职业技术学院展开，致力于从理论与实践相结合的角度，系统探索劳动教育在新时代高职院校育人体系中的功能定位与实施路径。

本书旨在系统探讨新时代背景下高职院校劳动教育的现状、理论基础、实践路径及其发展前景。通过梳理劳动教育的历史脉络和发展过程，结合当今社会对技能型人才的需求，深入分析劳动教育的多维内涵，探索其在培养学生职业素养、实践能力及社会责任感方面的价值和作用。

本书分为多个部分，首先，从劳动教育的概念和历史发展出发，回顾了其从古至今的演变过程，重点介绍了中华人民共和国成立以来劳动教育在不同历史时期的实施情况；其次，基于马克思主义劳动观、中国传统劳动文化等理论基础，系统阐述了劳动教育在职业教育中的重要性，并深入探讨了劳动教育与德育、智育、美育的融合关系。再次，本书还结合大量实际案例，分析了劳动教育在高职院校的具体实施情况，展示了不同院校在劳动教育实践中的创新举措。通过这些案例，我们可以看出，劳动教育的实施不仅仅是课堂教学的延展，更是培养学生综合素质、增强其社会适应能力的有效途径。最后，本书展望了未来劳动教育的发展趋势，提出了在智能制造、"互联网+"

等新兴技术背景下，劳动教育创新路径的探索。

  本书的研究与写作不仅为教育工作者提供了理论依据和实践指导，也为社会各界了解劳动教育在高职院校中的作用提供了全面的视角和思考。希望本书的出版能为推动新时代高职院校劳动教育的发展贡献一份力量。

编 者

目录

第1章 绪论 ... 1

1.1 劳动教育的概念与内涵 ... 1
- 1.1.1 劳动教育的定义 ... 1
- 1.1.2 劳动教育的多维内涵 ... 2

1.2 劳动教育的历史背景与发展历程 ... 4
- 1.2.1 劳动教育的历史起源与发展 ... 4
- 1.2.2 中华人民共和国成立后劳动教育的演变 ... 6

1.3 新时代对劳动教育的要求 ... 9
- 1.3.1 新时代社会经济背景下的劳动教育 ... 9
- 1.3.2 国家政策对劳动教育的新要求 ... 11
- 1.3.3 劳动教育与创新能力培养 ... 13

1.4 研究目的与意义 ... 15

第2章 新时代高职院校劳动教育的理论基础 ... 18

2.1 劳动教育的哲学基础 ... 18
- 2.1.1 马克思主义劳动观 ... 18
- 2.1.2 中国传统劳动文化与教育思想 ... 20
- 2.1.3 现代教育学对劳动教育的理解 ... 23

2.2 劳动教育的心理学基础 ... 25
- 2.2.1 实践学习理论 ... 25
- 2.2.2 学习动机与劳动教育 ... 26
- 2.2.3 劳动教育对个体认知发展的作用 ... 28

2.3 劳动教育与德育的关系 ... 31
- 2.3.1 劳动教育中的价值观教育 ... 31

  2.3.2 劳动教育与思想政治教育的融合 … 34
  2.3.3 劳动教育在职业道德养成中的作用 … 36
 2.4 劳动教育与现代职业教育理论 … 39
  2.4.1 职业教育与劳动教育的共生关系 … 39
  2.4.2 职业能力培养中的劳动教育 … 42
  2.4.3 劳动教育与职业教育的关系 … 44

第 3 章　高职院校劳动教育的现状分析 … 47

 3.1 高职院校劳动教育的现状 … 47
  3.1.1 高职院校劳动教育课程的开设情况 … 47
  3.1.2 学生参与劳动教育的情况分析 … 49
  3.1.3 教师队伍与劳动教育的实施情况 … 52
 3.2 劳动教育在高职院校中的现有问题 … 54
  3.2.1 教育目标不明确 … 54
  3.2.2 实践环节不足 … 57
  3.2.3 资源投入与保障不足 … 59
 3.3 劳动教育改革的挑战与机遇 … 60
  3.3.1 劳动教育改革的关键挑战 … 60
  3.3.2 新技术背景下的劳动教育机遇 … 63
  3.3.3 劳动教育课程资源的开发与利用 … 65

第 4 章　新时代高职院校劳动教育的实践探索 … 67

 4.1 劳动教育课程体系的构建 … 67
  4.1.1 劳动教育与专业课程的结合 … 67
  4.1.2 劳动教育跨学科课程的设计 … 69
  4.1.3 校企合作中的劳动教育实施 … 71
 4.2 劳动教育与思想政治教育的融合 … 74
  4.2.1 思想政治教育在劳动教育中的作用 … 74
  4.2.2 劳动教育与思想政治教育的互促关系 … 77
 4.3 高职院校劳动教育的创新实践 … 80
  4.3.1 创新劳动教育的教学模式 … 80
  4.3.2 以问题为导向的劳动教育教学法 … 82
  4.3.3 技术革新与劳动教育内容的更新 … 84
 4.4 典型案例分析 … 86
  4.4.1 国内高职院校劳动教育的成功案例 … 86

目 录

  4.4.2 国外职业教育中的劳动教育实践经验 …………………… 90

第 5 章 新时代高职院校劳动教育的创新路径 ………………………… 93

 5.1 劳动教育与新兴技术的结合 …………………………………… 93
  5.1.1 智能制造背景下的劳动教育创新 ………………………… 93
  5.1.2 "互联网+"与劳动教育的融合 …………………………… 94
 5.2 劳动教育与社会服务的结合 …………………………………… 96
  5.2.1 社会服务中的劳动教育实践 ……………………………… 96
  5.2.2 劳动教育在公益活动中的应用 …………………………… 97
  5.2.3 社区与学校合作中的劳动教育探索 ……………………… 98
 5.3 劳动教育的评价与激励机制 …………………………………… 101
  5.3.1 劳动教育的效果评估体系 ………………………………… 101
  5.3.2 劳动教育激励机制的设计与实施 ………………………… 102
  5.3.3 劳动教育在学生职业生涯中的延展 ……………………… 104

第 6 章 新时代高职院校劳动教育的发展展望 ………………………… 106

 6.1 劳动教育政策的未来发展方向 ………………………………… 106
  6.1.1 国家政策对劳动教育发展的引领 ………………………… 106
  6.1.2 地方政府在劳动教育中的政策支持 ……………………… 107
  6.1.3 劳动教育的制度化建设 …………………………………… 109
 6.2 劳动教育课程体系的持续改进 ………………………………… 110
  6.2.1 课程内容的动态调整 ……………………………………… 110
  6.2.2 劳动教育与专业技术发展的对接 ………………………… 112
 6.3 劳动教育与国际合作 …………………………………………… 114
  6.3.1 国际劳动教育的合作前景 ………………………………… 114
  6.3.2 高职院校国际劳动教育经验的引入 ……………………… 116

后记 ……………………………………………………………………………… 118

第1章 绪 论

1.1 劳动教育的概念与内涵

1.1.1 劳动教育的定义

劳动教育是教育领域中一项具有悠久历史和广泛影响的基本教育内容,其定义随着时代的变化和社会需求的多样化而逐渐发展。劳动教育不仅仅是一种体力劳动的实践活动,它还涵盖了从简单的动手操作到复杂的智力劳动,从单一的体力锻炼到个人创新能力和社会责任感的培养。要深入理解劳动教育的定义,需要从多个角度来探讨其核心内涵。

随着社会的发展,劳动教育的形式从单一的体力劳动扩展到更广泛的技能教育和智力教育。例如,古代书院中的学生除了学习儒家经典外,还会从事耕作等体力劳动,以增强实践能力和责任感。这种"教学相长"的教育理念与今天的劳动教育内涵有着深厚的历史渊源。

随着现代工业社会的到来,劳动教育的内涵逐渐演变为培养适应社会生产需求的多技能型人才。现代劳动教育不再仅仅局限于体力劳动,而是将智力劳动、技能培训和职业素养培养融为一体,尤其在职业教育领域,劳动教育承担着培养高技能人才、提升社会责任感和创新精神的重要使命。

根据《中华人民共和国教育法》的规定,劳动教育是我国教育体系的重要组成部分,其核心目标是通过劳动实践培养学生的基本生活技能、劳动能力以及劳动价值观。教育部发布的《关于全面加强新时代大中小学劳动教育的意见》中,将劳动教育定义为"全面培养学生劳动素养的重要教育内容"。这一现代定义强调劳动教育不仅是技能教育,更是人格教育,其目的在于培养学生的全面发展。

现代劳动教育的定义可以从以下四个核心层面进行理解:

(1)技能培养:劳动教育最直接的目标是培养学生的劳动技能和实践能力。通过参与实际的劳动活动,学生可以掌握生产技能、工具操作方法以及解决实际问题的能力。对于高职院校的学生,劳动技能的掌握直接关系到他们未来的就业能力和职业素质。因此,技能培养是劳动教育的基础目标。

(2)体力与智力并重:劳动教育不仅限于体力劳动,还包括智力劳动和创新劳动。现代社会的劳动形式日益复杂,越来越多的工作需要学生通过智力劳动和创新能力来完成。

高职院校的劳动教育既要帮助学生掌握动手操作的基本技能，也要培养他们的思维能力、团队协作能力和创新精神。

（3）职业素养与责任感培养：劳动教育的核心还在于培养学生的职业素养与社会责任感。通过参与劳动，学生能够体会劳动的艰辛与价值，从而树立尊重劳动、热爱劳动的观念，养成认真、负责的工作态度。这种职业素养是学生在未来职业生涯中取得成功的关键因素。

（4）人格教育与全面发展：劳动教育不仅仅是技能的传授，更是人格的培养。通过劳动实践，学生能够增强自信心、责任感和合作能力，养成吃苦耐劳的品质。这些都是劳动教育在塑造健全人格、促进学生全面发展方面的重要作用。

劳动教育与德育、智育、美育等教育形式密切相关。它不仅是学校教育的重要内容之一，也是学生道德品质、思维能力和审美素养提升的重要途径。通过劳动教育，学生可以在实际操作中加深对德育的理解，培养责任感和集体意识。同时，劳动教育也促进了智育与美育的发展，学生在劳动过程中需要运用知识、创造性地解决问题，并通过实践体验劳动的美感。

总的来说，劳动教育作为一种重要的教育形式，经历了从体力劳动到多维度劳动的转变，其定义不断拓展。在新时代背景下，劳动教育不仅仅是技能教育，更是德育、智育、美育与创新能力培养的有机结合。高职院校的劳动教育，必须紧跟时代步伐，赋予劳动教育新的内涵和使命，以适应现代社会和职业教育的要求。

1.1.2 劳动教育的多维内涵

劳动教育的内涵已经随着时代的变迁从传统的体力劳动教育扩展到了多维度的内容体系。在新时代背景下，劳动教育不再是单一的技能传授，而是集职业技能、创新能力、劳动价值观、社会责任感、团队合作精神等多方面培养于一体的综合性教育模式。它不仅是高职院校学生成长为合格劳动者的重要途径，也是促进学生德智体美劳全面发展的重要手段。

1. 劳动技能教育

劳动教育的基础仍然是技能教育。作为高职院校教学的核心任务之一，劳动教育致力于帮助学生掌握与职业相关的实践技能。技能的获取是通过实际劳动操作、项目训练以及实训基地实践等多种形式完成的。

动手能力的提升：高职院校通过安排具体的实训课程或校企合作，帮助学生在真实的工作环境中提升动手操作的能力。这些动手操作不仅限于简单的体力劳动，还包括复杂的技术工作和新兴领域的技能。

职业技能的养成：现代劳动教育不仅要提升学生的基本操作能力，还需要培养学生具备与时代接轨的职业技能。职业技能作为高职院校学生工作、升学的必备技能，劳动教育在实施的过程中，促进学生职业技能、职业操守、职业目标的形成，从而促使其建立正确的职业观念。

2. 劳动价值观教育

劳动教育不仅仅是技能的传授，还包含了对学生劳动价值观的教育。在新时代背景下，劳动不再仅仅是一种谋生的手段，它承载着更深层次的道德价值和社会意义。

劳动尊严的树立：通过劳动教育，学生能够体会到劳动的价值和意义，树立尊重劳动的观念。无论是简单的体力劳动，还是复杂的技术劳动，都应被视为有尊严的、有意义的工作。劳动教育培养学生认识到通过劳动创造价值、服务社会的成就感。

劳动光荣的意识：新时代劳动教育致力于培养学生树立"劳动最光荣"的意识。这种观念不仅增强了学生的职业荣誉感，也促使他们更加积极地投身未来的工作中，为个人发展和社会进步贡献力量。

勤俭节约与创新创业精神：劳动教育还致力于培养学生的勤俭节约观念和创新创业精神。在劳动过程中，学生不仅要学会合理利用资源，还要善于思考如何通过创新实现更高效的生产和服务，为未来的职业发展做好准备。

3. 社会责任感与集体意识的培养

劳动教育的重要目标之一是培养学生的社会责任感与集体意识。通过团队协作和集体劳动，学生能够在合作中学习如何与他人共同完成任务，并增强自身的社会责任感。

团队合作与协作能力：高职院校的劳动教育通常以项目或集体劳动为主要形式，学生需要在团队中相互配合、分工协作，完成复杂的任务。这种合作能力在学生未来职业生涯中至关重要，无论是在企业还是在社会中，团队协作都是不可或缺的能力。

社会责任感的提升：通过参加社会服务或公益劳动，学生能够感受到个人在社会中的责任。劳动教育不仅仅是让学生学会如何做事，更重要的是让他们认识到如何通过劳动服务他人、回馈社会。

4. 劳动与德育的融合

劳动教育与德育的结合是其多维内涵的重要体现。通过劳动实践，学生不仅能够提升技能，还能在过程中增强道德意识，塑造正确的价值观。

劳动中的品德培养：劳动教育中强调的刻苦耐劳、坚持不懈等品质，与德育的目标相一致。在劳动过程中，学生通过积极面对挑战和困难，学会了坚持，具备了耐心与责任感，这些都是品德教育的重要内容。

劳动教育与思想政治教育的结合：新时代高职院校强调课程素养，劳动教育中的思想政治教育也是其内涵之一。通过劳动实践，学生在亲身体验劳动的过程中，可以更加深刻地理解国家政策和社会发展方向，增强对社会主义核心价值观的认同感。

5. 创新能力的培养

随着现代技术的进步和职业需求的变化，劳动教育的内涵也不断扩展到创新能力的培养上。劳动不仅仅是完成已有的任务，还包含着对新技术、新方法的应用与探索。

技术革新与实践创新：在高职院校的劳动教育中，学生可以通过接触新兴技术，培养对技术的兴趣与探索精神。这种创新能力不仅仅局限于技术革新，还包括在劳动过程中如何提高效率、优化流程、统筹管理等创新思维的锻炼。

实践中的问题解决能力：创新能力的培养还体现在劳动中的问题解决能力。通过参与复杂的劳动实践项目，学生能够在面对实际问题时锻炼自己的分析能力和解决问题的能力，形成创新思维。

6. 劳动教育与身心发展的统一

劳动教育不仅要促进学生的智力发展，还要关注他们的身心健康发展。通过体力劳动，学生可以增强体质，培养健康的生活习惯；通过智力劳动，他们的思想能够得到锻炼和升华。

身体素质的提升：体力劳动对学生的身体素质有直接的促进作用。高职院校通常设置实训课程，要求学生参与劳动操作，这不仅有助于锻炼体能，还能让学生保持积极向上的生活态度。

心理素质的培养：劳动过程中的挫折、挑战和成就感，都是学生心理素质提升的重要来源。通过劳动教育，学生可以增强抗压能力、提升情绪管理水平，从而在未来的职业生涯中更好地面对各种挑战。

劳动教育的多维内涵反映了其作为高职院校教育重要组成部分的广泛性与深度。它不仅涵盖了技能教育、价值观教育、社会责任感与创新能力培养，还与德育、心理教育等多方面紧密结合，构成了全面发展的教育体系。在新时代背景下，劳动教育的多维内涵将继续为高职院校学生的全面发展提供坚实的基础。

1.2　劳动教育的历史背景与发展历程

1.2.1　劳动教育的历史起源与发展

劳动教育作为教育体系中的重要组成部分，其起源可以追溯到古代社会，而其发展历程与社会经济结构、生产力水平以及教育理念的演变息息相关。从早期以生存为目标的体力劳动到现代以职业素养和创新能力为核心的多维劳动教育，劳动教育的发展展示了教育与社会进步、经济变革的紧密联系。

1. 劳动教育的起源

劳动教育的起源可追溯到人类社会的早期阶段。在原始社会和古代农业社会中，劳动是人类生存的基本活动，教育的主要内容之一便是传授基本的生存技能。劳动不仅是生产资料的获取方式，也是个人参与社会生产的重要手段。因此，劳动教育在早期的家庭、部落和村落中发挥着重要作用。

古代劳动教育的实践：在古希腊，劳动被视为教育中重要的组成部分，亚里士多德认为，劳动教育有助于培养公民的德行与实践能力。古罗马时期，虽然奴隶承担了大部分体力劳动，但贵族子弟仍需参与一些基础的劳动活动，以锻炼意志和责任感。

中国古代劳动教育的传统：早在古代，在中国传统文化中，劳动被认为是个人修身养性和践行社会责任的重要途径。尤其是中国古代农业文明中，劳动教育的最早形式主要以农业生产为核心，通过劳动让年轻人掌握生产技能，并培养其尊重劳动的观念。农耕不仅是一种生活方式，更是一种劳动美德的体现。在明清时期，许多私塾和家塾会让学生参加简单的劳动活动，如耕作和织布，以培养其勤劳和自律的品德。

在中国的儒家思想中，孔子也强调"耕读传家"，提倡通过劳动培养品德修养，提升自我价值。儒家思想就强调"劳心者治人，劳力者治于人"，把劳动分为体力劳动与智力劳动，并鼓励个人通过劳动获取知识与道德修养。儒家文化强调通过劳动来培养耐心、责任心和对他人及自然的尊重。

2. 近代劳动教育的发展

随着工业革命的到来，劳动的形式发生了根本性的变化，劳动教育的内容和目标也随之演变。在工业化的社会背景下，劳动教育逐渐从单纯的体力劳动拓展为与生产和技术紧密结合的教育实践。

19世纪，欧洲和北美的工业革命促使社会对技术工人的需求大幅增加，劳动教育的重点从农耕和手工业转向工业生产。职业学校和工艺学校的兴起为劳动教育注入了新的内涵，学生不仅需要学习传统的体力劳动，还要掌握机器操作、工程技术等新兴技能。20世纪初，美国著名教育家约翰·杜威提出了"做中学"（Learning by Doing）的教育理念，强调通过动手实践来促进学生的全面发展。他认为劳动教育是促进学生思维能力和实际操作能力提高的最佳途径。杜威的教育思想影响了全球范围内的教育改革，推动了劳动教育从单纯的体力劳动转向以创新和实践为核心的教育模式。

随着中国社会的近代化进程，劳动教育思想逐渐进入中国。1912年，中华民国临时政府颁布了《教育法》，其中明确规定学校应重视"勤劳教育"。五四运动时期，劳动教育更被赋予了教育救国的使命，通过培养学生的劳动能力，提升国民素质，为社会和经济发展提供支持。劳动教育在这一时期逐步走向正规化，并与学校课程相结合。

3. 中华人民共和国成立后的劳动教育发展

中华人民共和国成立后，劳动教育得到了前所未有的重视，成为国民教育体系中的重要组成部分。中国共产党一直强调劳动的价值和劳动人民的核心地位，劳动教育被视为培养社会主义接班人的重要手段。

中华人民共和国成立初期，劳动教育被正式纳入中小学课程体系。1957年，国家明确要求各类学校开展劳动课，培养学生的劳动能力和社会责任感。学校通过组织学生参加农业生产、工厂劳动等方式，提升学生的劳动技能和实践经验。这一时期的劳动教育不仅注重体力劳动，还强调通过劳动培养学生的集体主义精神和艰苦奋斗的品德。

进入改革开放时期，中国的劳动教育逐渐从以体力劳动为主转向强调技能培训和创新能力培养。国家政策逐步推动劳动教育与职业教育的结合，特别是在高职院校中，劳动教育被纳入专业技能培训中。随着市场经济的发展，劳动教育的内容变得更加多样化，涵盖了工业、信息技术等新领域。

4. 现代劳动教育的深化与拓展

进入21世纪，劳动教育迎来了新的发展机遇。在科技进步、产业结构升级和国家教育改革的背景下，劳动教育不仅仅是体力劳动的训练，还被赋予了培养学生创新能力、职业素养和社会责任感的使命。

政策推动与课程改革：新时代的劳动教育得到了政策的大力支持。2020年3月20日，中共中央、国务院发布《关于全面加强新时代大中小学劳动教育的意见》，明确指出劳动教育是新时代教育体系的重要组成部分，强调要在基础教育、高职教育和高等教育中全面落实劳动教育，促进学生全面发展。现代劳动教育的重点不仅在于技能的提升，更在于通过劳动实践培养学生的责任意识、创新精神和团队合作能力。

校企合作与产教融合的深化：现代劳动教育越来越注重与企业、行业的紧密合作。通过校企合作和产教融合，高职院校的学生可以在实际生产环境中进行劳动实践，学习到最前沿的技术和工作方式。这种模式不仅提升了学生的实际操作能力，还增强了他们对市场需求和社会责任的理解。智能制造等新兴领域的劳动教育注重培养学生的创新能力和职业道德，使学生在未来的职业生涯中具备较强的竞争力。

多元化与跨学科的劳动教育：随着信息技术的发展，劳动教育的形式日趋多样化。现代劳动教育不仅限于单一学科，而是跨越多个领域，如科技、环保、服务业等，通过多元化的劳动形式让学生在不同领域中激发创新思维。

劳动教育的历史起源与发展历程表明，它不仅是教育的基本组成部分，也是社会进步、经济发展的推动力。从古代的体力劳动教育到现代的创新劳动教育，劳动教育始终与社会需求和教育理念的变化紧密相连。新时代的劳动教育更加注重培养学生的实践能力、创新精神和社会责任感，高职院校在这一过程中扮演着至关重要的角色。通过系统化、跨学科、多元化的劳动教育，学生不仅能够掌握职业技能，还能在未来社会中成为有责任感和创新能力的劳动者。

1.2.2 中华人民共和国成立后劳动教育的演变

自中华人民共和国成立以来，劳动教育在不同的历史阶段经历了多次演变和调整。作为社会主义教育体系的重要组成部分，劳动教育与国家的政治、经济发展紧密相连，其目标、内容和形式随着社会变革、经济建设的需要不断变化。从早期强调劳动人民核心地位，到改革开放后向技能培训与创新能力转变，再到新时代的深化和拓展，劳动教育在新中国的发展历程中发挥了重要作用。

1. 中华人民共和国成立初期的劳动教育：体力劳动与集体主义的培养

中华人民共和国成立初期，劳动教育成为培养社会主义新人的核心内容之一。由于当时中国经济落后、工业化水平较低，国家急需大量具有基本劳动技能和集体观念的劳动者。因此，劳动教育被视为提升国民素质、推动经济建设的基本手段，体现出鲜明的体力劳动和集体主义教育特征。

劳动教育的制度化：20世纪50年代，劳动教育被正式纳入学校教育体系。1957年，教育部明确规定各类学校必须开设劳动课，劳动教育成为中小学到高等教育阶段的重要课程之一。中小学生通过参与农耕、工厂实习等劳动活动，掌握基本的生产技能，并在劳动中锻炼身体，培养劳动意识和艰苦奋斗的精神。这一阶段，劳动教育主要以手工劳动、农业生产和轻工业生产为主。劳动教育不仅是技能培训的途径，更是集体主义教育的重要手段。中华人民共和国成立初期，国家强调通过集体劳动培养学生的团结协作精神和集体主义价值观。学生通过参与大规模的劳动项目，如农村插秧、耕作等，不仅提升了劳动技能，还在实践中形成了团结合作的集体意识。这种以劳动为载体的集体主义教育，成为当时社会主义劳动教育的鲜明特点。

2. 改革开放初期的劳动教育：从思想改造转向技能培养

1978年，改革开放带来了中国社会的全面转型，经济建设成为国家的中心任务。在这一背景下，劳动教育的内容和形式也发生了重大变化。随着国家对经济建设和技术进步的重视，劳动教育从注重思想改造逐步转向技能培训，服务于现代化建设的需要。

随着市场经济的逐步建立和工业化的推进，劳动教育逐渐与职业教育紧密结合。劳动教育不再仅仅是思想政治教育的工具，而是转向培养技术技能型人才。学生通过参加校内外的劳动实践活动，掌握机械操作、生产技术等实际技能，以适应经济建设对技术工人的需求。例如，高职院校开始将劳动教育与专业技能培养结合，通过校企合作和实训基地建设，让学生在实践中提升劳动能力和职业技能。

改革开放初期的劳动教育更加注重个人技能的提升，而非单纯的集体劳动。在劳动活动中，学生不仅要掌握体力劳动，还要学习现代生产技术和机械操作技能，劳动教育的内容逐渐与国家现代化建设的需求对接。例如，许多学校设立了专业化的实训基地，学生可以在这些基地中进行实际生产活动，从而提高动手能力和专业技术水平。

3. 21世纪劳动教育的深化：创新能力与社会责任的培养

进入21世纪，随着科技的迅猛发展和全球化的深入，劳动教育的内容进一步拓展，逐步向创新能力培养和社会责任教育方向发展。新时代的劳动教育强调与现代职业教育、科技创新紧密结合，学生通过劳动教育不仅要提升技能，还要具备创新精神和社会责任感。

这一时期劳动教育的范围进一步扩展，呈现出关注情感态度价值观、促进学生综合素质提升的新取向，但是囿于较为庞杂的综合实践活动课程内容，劳动教育在实践中日益泛化，课程目标不明确，课时难以保障，特别是在考试指挥棒的作用下，劳动教育在学校教学实践中处于被忽视的位置，其育人价值并未真正得到落实和彰显。

近年来，针对大中小学教学实践存在的劳动教育被弱化、淡化的现象，国家通过政策文件大力推动劳动教育的深化。2020年发布的《关于全面加强新时代大中小学劳动教育的意见》明确要求，劳动教育要与学生全面发展紧密结合，培养学生的劳动素养、创新能力和社会责任感。劳动教育不再仅仅局限于体力劳动，而是扩展到科技创新、环保、服务社会等领域，旨在通过劳动实践促进学生创新思维和社会责任意识的提升。

党的十八大以来，以习近平同志为核心的党中央从培养德智体美劳全面发展的时代新人出发，高度重视劳动教育的育人功能及其在推进素质教育中的重要作用。2015年，教育部、共青团中央、全国少工委联合颁发了《关于加强中小学劳动教育的意见》，提出要"以劳树德、以劳增智、以劳强体、以劳育美、以劳创新，促进学生德智体美劳全面发展"，劳动的综合育人功能得到重视和加强。但学校劳动教育仍然是通过综合实践活动课程、通用技术课程等渠道开展，并不利于劳动教育功能的切实发挥。2018年，习近平总书记在全国教育大会上提出要努力构建德智体美劳全面培养的教育体系，培养德智体美劳全面发展的社会主义建设者和接班人，强调要在学生中弘扬劳动精神，教育引导学生树立正确的劳动观念。2019年，中共中央、国务院印发了《中国教育现代化2035》《关于深化教育教学改革全面提高义务教育质量的意见》，国务院办公厅印发了《关于新时代推进普通高中育人方式改革的指导意见》等文件，明确提出"五育融合"的教育发展目标，要求各级学校将劳动教育贯穿于德智体美"四育"之中。2020年，中共中央、国务院专门颁发了《关于全面加强新时代大中小学劳动教育的意见》，教育部颁布了《大中小学劳动教育指导纲要(试行)》，要求全面贯彻党的教育方针，坚持立德树人，把劳动教育纳入人才培养全过程，贯通大中小各学段，贯穿家庭、学校、社会各方面，对劳动教育的目标、内容、学段要求、途径和关键环节等方面进行了明确规定，并提出要在大中小学中独立开设劳动教育必修课。2022年，教育部发布《义务教育劳动课程标准(2022年版)》，对此前文件提及的劳动教育必修课的课程内容进行了细致规划。从2022年秋季学期开始，劳动教育课程正式从综合实践活动课程中独立出来，成为义务教育阶段的一门独立课程和必修课程。

新时代是劳动教育发展的新阶段，党中央深刻把握劳动教育的基本规律和发展趋势，将劳动教育纳入全面培养的教育体系，并制定了一系列专门的政策机制保障劳动教育落到实处。劳动教育作为我国人才培养体系的组成部分，与"德智体美"四育相互融合，五育并举，致力于培养、锻造能够担当民族复兴大任的时代新人。

中华人民共和国成立后，劳动教育经历了从体力劳动、思想改造到技能培训、劳动精神培养的深刻演变。每一阶段的劳动教育都与国家的政治、经济背景密切相关，从早期强调集体劳动和劳动价值观的培养，到改革开放后注重个人技能提升，再到新时代融入创新能力和社会责任教育，劳动教育始终在适应社会变革和经济发展的需求。未来，劳动教育将在新技术的推动下继续深化，成为培养高素质人才、促进社会和谐的重要途径。

1.3 新时代对劳动教育的要求

1.3.1 新时代社会经济背景下的劳动教育

随着全球化、技术进步、产业升级以及中国经济结构的转型发展，新时代的社会经济背景对劳动教育提出了新的要求。劳动教育作为培养高素质技术技能型人才的重要手段，在新时代背景下需适应社会经济的发展趋势，并在促进经济转型、提升劳动者素质和推动社会进步方面发挥更加重要的作用。

1. 经济转型升级对劳动教育的需求

中国社会经济发展已经从高速增长阶段转向高质量发展阶段，经济结构正在从传统制造业向现代化、智能化、服务型经济转型。这一转型对劳动者的技能要求发生了深刻变化，促使劳动教育向多元化和专业化发展。

产业升级的需求：伴随着人工智能、大数据、机器人技术等新兴技术的广泛应用，传统的劳动形式正被现代化的、智能化的劳动方式所取代。现代企业不再仅仅依赖低成本的劳动力，而是需要具备较高技术水平和创新能力的劳动者。劳动教育需要跟上产业发展的步伐，培养能够适应并推动产业升级的复合型人才。

高技能人才的缺口：随着产业结构升级，市场对高技能人才的需求急剧增加。新时代的劳动教育应注重提升学生的技术技能和创新能力，以弥补高技能人才的短缺。例如，在智能制造、信息技术等领域，劳动教育不仅要传授基础操作技能，还需要培养学生应用新兴技术的能力。

服务型经济的扩展：现代服务业的快速发展使得劳动教育需要注重劳动者在服务型经济中的能力培养。与制造业不同，服务业要求劳动者具备较高的沟通能力、团队合作能力以及客户服务意识。劳动教育需要帮助学生掌握这些"软技能"，以适应服务型经济的需求。

2. 科技进步对劳动教育的影响

随着科技的快速进步，特别是信息技术的广泛应用，劳动的形态和内涵发生了深刻变化。技术进步对劳动教育提出了新的要求，也推动劳动教育内容的更新和教学方式的创新。

数字技能的培养：信息化和数字化已经成为现代经济不可或缺的部分，劳动者需要具备一定的数字技能和信息处理能力。劳动教育的过程中应当注重培养学生的数字素养，包括信息技术应用、数据分析与管理等能力，利用新方法、新技能适应未来工作中的数字化操作和智能系统的管理。

创新能力的培养：科技进步促进了生产方式的不断更新，这就要求劳动者具备较强的创新能力。劳动教育应通过设计创新性实践活动，培养学生在面对复杂工作任务时的创造力与解决问题的能力。

3. 劳动教育与"技能强国"战略

在新时代的社会经济背景下，中国提出了"技能强国"战略，旨在通过提高劳动者的技能水平，增强国家的综合竞争力。劳动教育作为实现这一战略的重要途径，肩负着培养大批高素质技术技能人才的任务。

职业教育的强化：职业教育在新时代成为推动"技能强国"战略的核心手段。劳动教育应通过与职业教育的深度结合，帮助学生掌握扎实的职业技能。加强校企合作、产教融合，将学生的劳动实践与企业的真实生产活动紧密结合，培养学生的实际操作能力和技术应用能力。

劳动精神的弘扬：新时代的劳动教育不仅要培养技术技能人才，还要传承和弘扬劳动精神。通过劳动教育，学生可以树立尊重劳动、热爱劳动的价值观，增强社会责任感。这种劳动精神的培养不仅有助于提升学生的职业素养，还能推动全社会形成崇尚劳动、尊重劳动者的氛围。

技能竞赛的推动作用：技能竞赛作为推动"技能强国"战略的重要形式，能够有效提升劳动教育的水平。通过参与各类技能大赛，学生不仅能够展示和提升自己的劳动技能，还能够在竞赛中磨炼意志、提高创新能力。新时代的劳动教育应通过组织和参与技能竞赛，激励学生追求技术精湛、勇于创新。

4. 劳动教育与社会分工的变化

随着社会分工的日益复杂化和精细化，劳动的性质也发生了显著变化。新时代的社会经济背景要求劳动者不仅具备一技之长，还需具备跨专业领域的综合素养。

跨领域的复合型人才需求：现代社会分工要求劳动者能够在多个领域之间游刃有余地转换。劳动教育需要突破传统的单一技能培训模式，培养具备跨领域技能的复合型人才。

个性化与多元化的职业选择：劳动教育应顺应新时代社会分工的变化，帮助学生发展个性化的职业能力和多元化的职业选择。现代社会对劳动者的要求更加多样化，劳动教育为学生提供广泛的实践机会，使其在不同领域中找到适合自身发展的职业方向。

新时代社会经济背景下，劳动教育的内涵与外延不断拓展。它不仅要帮助学生适应经济转型升级和科技进步带来的新挑战，还要为国家的"技能强国"战略提供人才支撑。通过与职业教育的结合、弘扬劳动精神、培养复合型人才，劳动教育将为新时代社会经济的发展贡献更多力量，并在推动社会公平与和谐方面发挥作用。

1.3.2 国家政策对劳动教育的新要求

随着社会经济的发展和教育体制的改革，国家对劳动教育的重视程度不断提高，并在政策层面提出了新的要求和指导方针。这些政策强调劳动教育在全面素质教育中的重要性，推动各级学校特别是高职院校将劳动教育纳入教育体系，以培养具有劳动精神、劳动技能和社会责任感的新时代人才。国家政策不仅为劳动教育的开展提供了政策保障，也为新时代劳动教育的发展指明了方向。

1. 国家教育方针对劳动教育的强化

近年来，国家教育方针明确提出要加强劳动教育，将其作为全面发展素质教育的重要组成部分。国家层面的教育文件、政策和法规一再强调，劳动教育应贯穿于学生的整个学习阶段，特别是在职业教育中，劳动教育应占据核心地位。

《关于全面加强新时代大中小学劳动教育的意见》：2020年，中共中央、国务院发布的这份意见明确指出，要将劳动教育纳入国民教育体系，培养学生正确的劳动价值观和劳动精神。文件强调，劳动教育不仅是培养技术技能的重要途径，还应在学生中弘扬劳动光荣的理念，增强他们对劳动的尊重和热爱。尤其是在职业教育中，劳动教育要与专业实践相结合，以培养学生的职业素养和创新能力。劳动教育要融入"五育并举"体系，并与学校德育、智育、体育和美育相结合。这意味着劳动教育在实践中不仅要传授劳动技能，还要帮助学生树立正确的价值观和社会责任感，为他们的全面发展奠定基础。

《中华人民共和国职业教育法》的修订：2022年修订的《中华人民共和国职业教育法》进一步强化了劳动教育在职业院校中的地位，明确要求职业学校通过各种形式的劳动实践，提升学生的劳动技能和社会适应能力。该法还要求职业教育在课程设计中注重劳动教育的实施，使其与专业学习、校企合作等形式紧密结合，培养学生的实践能力和职业道德。

劳动教育纳入高职院校课程体系：教育部发布的多项文件中，明确要求高职院校将劳动教育纳入课程体系。学校不仅要开设专门的劳动教育课程，还需在各类专业课程中融入劳动教育的内容，使学生在学习过程中既掌握技术知识，也培养劳动技能和劳动精神。这一政策为劳动教育在高职院校中的实施提供了制度保障。

国家在教育政策中提出了德智体美劳"五育并举"的理念，强调劳动教育作为五育之一，是培养学生全面发展的重要内容。强调劳动教育与德育、智育、体育、美育有机结合，帮助学生在实际劳动中锤炼意志品质、形成正确的劳动观念。这一理念要求劳动教育不再仅限于技术技能的培养，更应注重学生的思想道德建设和体能素质的提升。

2. 劳动教育的课程设计与评价体系

国家政策对劳动教育的课程设计和评价体系提出了新要求，要求各类学校在开展劳动教育时不仅要设计科学合理的课程体系，还要建立起完善的评价机制，以确保劳动教育的质量和效果。这些政策要求学校从课程设置、教学内容、实践形式等方面进行创新，使劳动教育与专业学习和社会需求相适应。

国家政策鼓励学校根据不同学科和专业的特点，设计多样化的劳动教育课程。例如，高职院校可以通过项目式学习、校企合作、社区服务等多种形式开展劳动教育，使学生在实践中提升技能。劳动教育的课程内容应与学生的专业学习密切相关，以增强实践能力和社会责任感。

实践导向的教学方法：新时代的劳动教育政策提倡实践导向的教学方法，强调通过实际操作和实践活动培养学生的劳动能力和创新意识。国家鼓励学校通过实验实训、社会实践、公益劳动等多种方式，为学生提供更多的动手实践机会。通过这种方式，学生可以将理论知识应用于实践，提升动手能力和问题解决能力。

劳动教育评价体系的建立：国家政策要求学校建立科学的劳动教育评价体系，确保劳动教育的实施效果。评价内容应涵盖学生的劳动态度、技能掌握情况、创新能力以及团队合作精神等方面。这一评价体系不仅有助于衡量学生在劳动教育中的进步，还能为学校进一步优化劳动教育提供依据。评价不仅要考核学生的技术能力，还要评估其在团队合作、创新应用等方面的表现。

3. 劳动教育与校企合作、产教融合的政策支持

国家政策大力支持劳动教育与校企合作、产教融合的结合，推动高职院校与企业合作，为学生提供更多的实践机会。这种模式不仅可以提升学生的劳动技能，还能增强学生的就业能力和社会适应能力。

（1）校企合作深化。

近年来，国家高度重视学校与企业的合作，并出台了一系列政策文件，旨在构建紧密的校企合作关系。这种合作模式将学生的劳动实践与企业的生产实际紧密结合，为学生提供了宝贵的实训机会。

①政策引导。国家通过政策文件明确鼓励学校与企业建立长期、稳定的合作关系，共同承担人才培养的责任。这些政策不仅为学校和企业提供了合作的框架和指导，还明确了双方的权利和义务。

②实践机会。在校企合作模式下，学生能够深入企业一线，参与真实的生产过程。这不仅有助于学生掌握实际的生产技能，还能让他们了解企业的运作模式和市场需求，为未来的就业打下坚实的基础。

③资源共享。校企合作还促进了学校和企业之间的资源共享。学校可以为企业提供人才和技术支持，而企业则可以为学生提供实践平台和就业机会。这种双向互动有助于形成良性循环，推动双方共同发展。

（2）产教融合政策导向。

产教融合是推动劳动教育的重要途径，也是提升人才培养质量的关键举措。国家强调学校与产业界的紧密合作，共同制定培养方案，将劳动教育与专业教育有机结合。

①培养方案协同制定。产教融合要求学校和企业共同参与人才培养方案的制定。这有助于确保培养方案既符合企业的实际需求，又能够提升学生的综合素质和专业技能。

②课程体系优化。在产教融合的背景下，学校和企业可以共同优化课程体系，将企业的实际需求和学校的理论教学相结合。这不仅可以提高课程的实用性和针对性，还能激发学生的学习兴趣和积极性。

③实习实训与就业对接。产教融合还强调实习实训与就业的紧密对接。通过与企业合作，学校可以为学生提供更多的实习实训机会，帮助他们提前适应职场环境。同时，企业也可以在实习实训过程中选拔优秀人才，为未来的招聘和用人做好准备。

4. 劳动教育促进学生就业与创新创业的政策要求

国家政策还强调劳动教育在促进学生就业和创新创业方面的作用。通过劳动教育，学生能够获得实用技能，增强就业竞争力，同时具备创新思维和创业能力。

国家政策要求劳动教育应与学生的就业需求相结合。通过劳动教育，学生可以掌握适应社会需求的劳动技能，提高就业竞争力。尤其是在高职院校，劳动教育的开展应根据市场需求，设计与行业发展相适应的实践课程，使学生在毕业时能够顺利进入就业市场。国家鼓励劳动教育与创新创业教育相结合，通过实践活动培养学生的创新能力。劳动教育不仅帮助学生掌握技术，还能激发他们的创新思维。

国家政策为新时代劳动教育的发展提供了重要的方向和支持。通过加强劳动教育的课程设计、完善评价体系、深化校企合作和产教融合，国家政策推动劳动教育在培养技术技能人才、促进社会公平与就业等方面发挥更大的作用。新时代的劳动教育将更加注重实践导向、技能培养和创新意识的培养，为国家的经济发展和社会进步提供坚实的人才保障。

1.3.3 劳动教育与创新能力培养

在新时代的社会发展中，创新能力已成为推动经济增长和社会进步的关键要素。劳动教育不仅是培养学生实践技能的重要方式，也是激发和培养学生创新能力的有效途径。通过实践性强的劳动教育活动，学生可以将理论知识与实际应用结合，在解决实际问题的过程中激发创新思维，从而提升创新能力。劳动教育与创新能力培养的结合不仅能满足社会对高技能创新型人才的需求，还能推动学生个人的全面发展。

1. 劳动教育对创新能力培养的重要性

劳动教育不仅仅是单纯的技能培养，它更强调实践中创新意识和创新能力的培养。劳动的过程往往涉及实际问题的解决，这种问题导向的学习方式能有效激发学生的创造性思维。

从技能到创新的跃升。劳动教育中的实践活动为学生提供了广泛的动手操作机会，通过反复实践和操作，学生能够对技术操作有深入理解，并在熟悉基础技能后逐步探索如何改进、创新。创新能力的培养常常是从基本的技能掌握开始，随着熟练度的提高，学生开始思考更高效的操作方式或新的方法，从而产生创新想法。

培养问题解决能力。创新的核心在于通过创造性思维解决实际问题。劳动教育为学生提供了真实的工作环境和具体问题，通过动手实践，学生能够深入理解劳动中的各种环节和挑战，并通过创造性的思维解决问题。

实践与理论的有机结合。创新能力不仅依赖于理论知识的积累，还需要通过实践加以验证和应用。劳动教育为学生提供了理论与实践结合的机会，使他们能够在真实情境中将理论知识转化为创新成果。

2. 劳动教育中创新能力培养的途径

为了更好地在劳动教育中培养学生的创新能力，需要设计多种教学途径，确保学生能够通过劳动实践获得足够的创新机会。

项目式学习（Project-Based Learning）：项目式学习是一种以学生为中心，通过实际项目推动学生学习的教学方法。在这种教学模式下，学生需要围绕一个具体的项目展开学习，通过完成项目任务来掌握知识和技能。在劳动教育中，项目式学习可以帮助学生将理论知识应用于实践中，并在完成任务的过程中遇到实际问题。面对这些问题，学生需要运用所学知识，结合实际情况，探索解决问题的创新途径。这不仅锻炼了学生的实际操作能力，还培养了他们的创新思维和解决问题的能力。

跨学科融合：创新能力的培养往往需要多学科的知识融合。在劳动教育中，教育者可以通过设计跨学科的实践活动，帮助学生打破学科壁垒，将不同领域的知识结合起来进行创新。例如，可以将机械工程、电子技术与艺术设计等学科的知识融合在一起，让学生设计一个既实用又美观的劳动工具或产品。这种跨学科的学习方式能够激发学生的创造力，培养他们在多个领域进行创新的能力。

问题导向学习（Problem-Based Learning）：问题导向学习是一种以学生为中心，通过解决实际问题来驱动学生学习的教学方法。在劳动教育中，教师可以为学生设定一些开放性问题，这些问题往往没有固定的答案，需要学生通过实践活动进行创新性思考和解决。例如，教师可以提出一个关于提高生产效率或改善工作环境的问题，让学生自行设计解决方案并进行实践验证。这种学习方式能够鼓励学生主动探索、积极思考，培养他们的创新思维和解决问题的能力。

企业实践与校企合作：创新往往来源于实践中的需求与挑战。通过校企合作，将学生的劳动实践与企业的生产实际相结合，可以让学生在真实的生产过程中发现创新的机会。企业可以为学生提供实践平台，让他们接触实际的生产流程和工艺，了解企业的需求和挑战。同时，企业还可以为学生提供技术支持和指导，帮助他们将创新想法转化为实际的产品或服务。这种实践机会不仅能够锻炼学生的实际操作能力，还能培养他们的创新意识和实践能力。

3. 劳动教育与创新精神的培养

劳动教育既培养学生独立解决问题的能力，也锻炼其团队合作的精神。劳动教育不仅是创新能力的培养平台，也能培养学生的创新精神。通过劳动实践，学生不仅能学习创新技能，还能够在实践中培养坚持不懈、敢于冒险和不断探索的创新精神。创新的过程往往伴随着失败和风险，劳动教育中的实践活动可以帮助学生锻炼冒险精神和应对失败的能力。创新不仅是一次性成果，更是一种持续改进和不断追求卓越的态度。劳动教育中的持续实践可以帮助学生养成这种态度。

1.4 研究目的与意义

在新时代背景下，劳动教育在高职院校中的地位和作用愈发重要，成为培养学生职业素养、实践能力和社会责任感的关键途径。本书旨在探讨新时代高职院校劳动教育的现状、理论意义、实践路径以及社会意义，为更好地实施劳动教育提供理论依据和实践指导。

首先，劳动教育的理论基础来源于其在中国教育体系中的悠久历史。劳动教育自中国古代即有所体现，经过长期发展，逐渐形成了理论体系，特别是在改革开放后，职业教育的兴起进一步推动了劳动教育在高职院校中的普及。随着社会经济的快速发展和国家对高技能人才的需求增加，劳动教育不再仅限于体力劳动的培训，而是成为培养创新能力、团队合作和社会责任感的重要环节。在新时代背景下，劳动教育的理论内涵不断丰富，逐渐与职业教育紧密结合，成为培养复合型人才的核心内容。

本书的理论意义在于深化对劳动教育在职业教育中的作用理解，推动劳动教育理论的丰富与完善。劳动教育不仅是技能训练的工具，还是培养学生创新思维、解决实际问题能力的重要手段。本书通过分析劳动教育在创新能力培养、职业素养提升和社会责任感塑造中的作用，丰富了劳动教育的理论框架。同时，本书结合新时代的经济与社会需求，提出劳动教育与职业教育协同发展的理论依据，强调两者在高职教育中的紧密结合。

此外，劳动教育的理论价值还体现在其对学生综合素质的培养上。随着现代教育目标的转变，学生的全面发展已成为教育的核心任务。劳动教育在这一过程中发挥着不可或缺的作用，通过实践活动，劳动教育不仅提升学生的动手能力，还在职业道德、责任感、团队合作等方面发挥着重要作用。本研究通过分析劳动教育在德、智、体、美、劳五育中的作用，提出劳动教育在新时代教育体系中的独特价值。

在此基础上，本书还回应了新时代教育改革的需求。随着中国社会的快速变化，职业教育的改革成为国家教育战略的重点内容。劳动教育作为职业教育的重要组成部分，必须紧跟时代步伐，适应新产业、新技术的需求。本书通过分析新时代劳动教育面临的挑战，提出了劳动教育改革的理论框架，特别是强调劳动教育与现代职业素养相结合的必要性。

本书指出，新时代劳动教育不仅应关注学生的动手能力，还应通过劳动教育培养学生的团队合作能力、责任感、创新精神和适应现代职场的能力。

与此同时，劳动教育的国际化研究也是本书的理论创新之一。在全球化背景下，职业教育和劳动教育的国际化趋势越发明显。通过借鉴德国"双元制"职业教育、美国"做中学"教育理念以及日本集体劳动精神的模式，本书对劳动教育的国际化与本土化结合提出了理论创新。在新时代的全球化劳动力市场中，高职院校的学生不仅需要具备本土化的劳动技能，还应拥有跨文化的劳动能力和国际视野，以应对全球化的职业挑战。

本书在实践意义方面也具有重要价值。首先，本书为高职院校劳动教育课程设计提供了参考意见。在新时代背景下，高职院校应根据学生特点和社会需求，设计多元化、实践性强的劳动教育课程。通过结合专业课程内容，设计项目式学习和实践活动，学生能够在实际操作中加深对专业知识的理解，提升实践能力和创新意识。

其次，劳动教育的实践意义还体现在对学生职业素养的提升上。高职院校的劳动教育通过真实的工作场景和实践项目，培养学生的敬业精神、责任感和团队合作能力。本书建议，校企合作是实现这一目标的重要途径。通过校企联合的实训项目，学生能够在企业真实的工作环境中接受培训，增强职业素养，适应未来职场的需求。此外，劳动教育还应注重学生沟通能力和领导能力的培养，通过团队合作的实践项目，学生能够在分工合作中提升与他人协作的能力。

创新能力的培养是当今职场中不可或缺的重要素质之一，而劳动教育则为学生提供了培养创新能力的实践平台。本书指出，项目式学习是劳动教育中促进创新能力的有效途径。高职院校可以设置开放性、实践性强的劳动项目，鼓励学生在项目中自主探索和提出创新方案。这种以项目为导向的学习模式，不仅能够提升学生的实践能力，还能激发其创新思维。

培养社会责任感是劳动教育的重要目标之一。在新时代背景下，社会责任感的培养显得尤为重要。劳动教育通过公益劳动、社会服务等实践活动，能够增强学生的社会责任感。本书建议，高职院校可以通过组织学生参与社会公益劳动和社区服务活动，帮助学生认识到劳动不仅是个人能力的体现，也是对社会的贡献。通过这些活动，学生能够意识到个人劳动与社会发展的紧密联系，增强社会责任感。

本书的另一个重要实践意义是为教育改革提供参考意见。为了保证劳动教育的质量，教学部门应制定相关政策，建立科学的劳动教育评估机制。通过对学生的劳动态度、实践能力、创新表现等多维度的评估，可以为劳动教育的改进和优化提供依据。此外，深化校企合作与产教融合也是提高劳动教育质量的关键措施。通过制定激励政策，鼓励企业与高职院校共同开发劳动教育课程和实训基地，可以实现资源共享，提升劳动教育的实践性和针对性。

在社会意义方面，本书探讨了劳动教育如何通过培养高素质技能型人才，为国家发展战略提供支持。随着中国经济的转型升级，对高素质劳动者的需求日益增加，劳动教育通过提升学生的技术技能和社会责任感,能够为"技能强国"战略提供重要的人才支持。此外,劳动教育还能够促进社会和谐与可持续发展。通过参与环保实践项目和社会服务活动,学生能够理解劳动与社会发展的关系,增强环保意识和社会责任感,推动社会的可持续发展。

通过本书的深入探讨,我们可以看到,劳动教育不仅在理论层面具有丰富的内涵,在实践层面也为高职院校的课程设计、职业素养培养和社会责任感塑造提供了具体的路径。同时,本书为教育管理者和政策制定者提供了实践指导,帮助他们通过政策支持和评估机制优化劳动教育的实施效果。在新时代背景下,高职院校应继续深化劳动教育改革,推动劳动教育的发展,为培养高素质、创新型人才做出积极贡献。

第 2 章 新时代高职院校劳动教育的理论基础

2.1 劳动教育的哲学基础

2.1.1 马克思主义劳动观

马克思主义劳动观是马克思主义哲学的重要组成部分，它以历史唯物主义为基础，系统地阐述了劳动的本质、意义及其在社会发展中的作用。马克思主义认为，劳动是人类社会存在和发展的基础，劳动不仅创造了物质财富，还形成了人类自身的发展。因此，马克思主义劳动观不仅是一种经济理论，更是一种关于人类解放和社会进步的思想。

1. 劳动是人类社会存在和发展的基础

马克思主义认为，劳动是人类社会发展的起点和基础，是人与自然之间的物质交换活动。劳动不仅是人类创造物质财富的手段，更是社会历史发展的动力。通过劳动，人类改造自然、满足物质需求，同时劳动也塑造了人的本质特性。

劳动是人的本质活动：在《1844年经济学哲学手稿》中，马克思指出，劳动是人类区别于动物的本质活动，正是通过劳动，人类改造自然、制造工具，形成了生产力，进而推动了社会的进步。马克思认为，劳动不仅是生产物质财富的手段，也是人类自我发展的途径。人们通过劳动塑造自然的同时，也塑造了自身的能力和思想。

劳动创造了社会财富和文明：在《资本论》中，马克思进一步论证了劳动作为财富源泉的观点。劳动不仅创造了社会的物质财富，还推动了技术进步、文化发展和社会变革。通过劳动，社会财富得以积累，社会分工不断深化，生产力水平得以提升，推动了整个社会的进步与发展。因此，劳动是社会财富和文明的根本源泉。

2. 劳动的社会性和历史性

马克思主义认为，劳动具有明显的社会性和历史性特征。劳动不仅是个人的生存手段，更是一种社会行为，体现了人与人之间的关系。不同历史阶段的社会结构和生产方式影响着劳动的性质和形式，因此，劳动的具体内容和社会意义也随之发生变化。

劳动的社会性：劳动是一种社会行为，人们通过劳动相互合作、分工，形成社会关系。在不同的生产方式下，劳动的社会性表现为人们在生产过程中的合作和交换。例如，在资本主义生产方式中，劳动者通过出售劳动力获得生存资料，而资本家通过占有劳动成果获取剩余价值。因此,劳动不仅是一种物质生产活动,也是一种社会关系的体现。

劳动的历史性:马克思指出,劳动的形式和内容随着历史的发展而发生变化。在原始社会,劳动是一种简单的集体生产行为,劳动者直接参与物质生产;而在封建社会和资本主义社会,随着生产力的提高和生产关系的变革,劳动逐渐被分为脑力劳动和体力劳动。资本主义社会中,劳动的商品化使劳动者被剥夺了生产资料,沦为资本家的附庸。马克思通过指出劳动在不同历史阶段的变化,揭示了社会发展的历史规律。

3. 劳动异化理论

马克思在分析资本主义社会的劳动时,提出了"劳动异化"理论。他认为,在资本主义生产方式下,劳动者不仅无法享受劳动的成果,还被劳动本身所压迫。劳动异化是资本主义社会的必然结果,是劳动者被剥削和压迫的表现。

劳动异化体现在以下四个方面:

(1)劳动者与劳动产品的异化:在资本主义生产过程中,劳动者生产出的产品并不属于自己,而是归资本家所有。劳动者与自己劳动的成果相分离,无法从中获得直接的满足和成就感。

(2)劳动者与劳动过程的异化:劳动者在生产过程中失去了对劳动的自主性和创造性,劳动不再是实现个人价值的过程,而是为了生存而被迫进行的活动。劳动者在工厂的流水线上被动地执行指令,无法体现个人的创造力和主观能动性。

(3)人与人之间的异化:在资本主义生产方式下,劳动者相互之间的关系被物化为商品关系,人与人之间的合作和交往被市场和商品交换所取代,劳动者之间的联系被异化为劳动力买卖的关系。

(4)人与自我本质的异化:在资本主义社会中,劳动者被迫将自己的劳动力出卖给资本家,劳动不再是自我实现的途径,反而成为压迫和剥削的工具,劳动者失去了对自我存在的认同感和归属感。

劳动异化的解决路径:马克思认为,劳动异化是资本主义制度的必然产物,只有通过社会主义革命,建立以公有制为基础的生产方式,才能真正解决劳动异化问题。劳动者必须通过解放生产资料,掌握生产的主导权,才能恢复劳动的主体性和创造性,实现人与自然的和谐发展。

4. 劳动在社会主义社会中的解放和自由

马克思主义劳动观的最终目标是实现劳动的解放和自由。在资本主义社会,劳动者被迫出卖劳动力,劳动成为谋生的工具;而在社会主义社会,生产资料的公有化和劳动者的解放将使劳动从"谋生手段"转变为"自由活动",劳动者将成为社会的主人。

劳动解放:马克思指出,社会主义革命的目的就是要消灭私有制,使劳动者掌握生产资料,从而彻底摆脱资本的压迫,实现劳动的解放。在社会主义社会中,劳动者不再为资本家工作，而是为全社会劳动，劳动成果由全社会共享，劳动者将获得真正的经济自由和社会平等。

劳动与自由的统一：在社会主义社会，劳动将不再仅仅是谋生的手段，而是自由创造的活动。劳动将成为实现个人价值和社会发展的途径，劳动者在劳动过程中能够发挥创造力，实现自我价值。这种劳动不再是资本主义条件下的被动劳动，而是主动的、自由的创造性劳动，劳动者将从中获得满足感和成就感。

5. 马克思主义劳动观对当代劳动教育的启示

马克思主义劳动观对当代劳动教育具有重要的指导意义。在新时代背景下，劳动教育不仅要培养学生的劳动技能，还要树立正确的劳动观，使学生认识到劳动的社会价值和个人意义，培养他们的社会责任感和创新能力。

劳动教育中的价值观引导：马克思主义劳动观强调劳动的社会性和历史性，劳动教育应当引导学生认识到劳动不仅是个人谋生的手段，更是推动社会发展的动力。通过劳动教育，学生可以理解劳动对社会进步和人类文明发展的贡献，树立劳动光荣、创造伟大的价值观。

劳动的主体性和创造性：马克思主义劳动观强调劳动者的主体性和创造性，这为劳动教育提供了重要启示。在劳动教育中，不仅要让学生掌握劳动技能，还要培养他们的创新意识和实践能力，鼓励他们在劳动过程中发挥主观能动性，成为社会发展的主动推动者。

劳动解放与人的全面发展：马克思认为，劳动的最终目标是实现人的全面发展。当代劳动教育应当结合这一思想，在培养劳动技能的同时，注重提升学生的综合素质和社会责任感，使劳动成为学生实现个人价值、服务社会的重要途径。

马克思主义劳动观从历史唯物主义的角度揭示了劳动在社会发展中的核心地位，阐述了劳动的社会性、历史性和创造性。马克思主义不仅将劳动视为物质财富的创造者，还认为劳动是实现人类解放、推动社会进步的关键因素。通过对劳动异化的分析，马克思揭示了资本主义社会中劳动者的困境，并指出社会主义社会将实现劳动解放和自由创造。这一理论对当代劳动教育具有重要的启示作用，为新时代高职院校劳动教育的价值引导和实践提供了理论支持。

2.1.2 中国传统劳动文化与教育思想

中国传统劳动文化与教育思想源远流长，深深植根于中华文明的历史进程中。劳动在中华传统文化中不仅是一种生存手段，更是一种修身养性的方式，成为个人德行培养和社会责任实现的重要途径。中国古代教育思想也始终强调劳动的价值，许多教育理念将劳动与教育紧密结合，为培养全面发展的人才提供了宝贵的理论与实践经验。通过探讨中国传统劳动文化与教育思想，能够更好地理解劳动教育在当代中国教育体系中的传承与创新。

1. 中国传统文化中的劳动观

中国传统文化对劳动有着深刻的认识与崇高的评价，尤其是在以儒家为代表的思想体系中，劳动被视为修身治国的重要手段。劳动不仅是维持生计的方式，更承载了培养德行、提升个人修养的深层含义。传统文化中，劳动的价值在于其与道德修养、社会责任、天人合一等观念的紧密联系。

劳动与道德修养的统一：儒家思想强调通过劳动培养道德品行，认为劳动是磨砺意志、提升德行的重要途径。孔子的弟子有若在《论语》中提到"君子务本，本立而道生"，强调通过务农等基本劳动提升道德修养。孟子也指出"劳心者治人，劳力者治于人"，劳动不仅能培养责任感和敬业精神，还能帮助个体理解社会责任，从而实现"修身齐家治国平天下"的理想。

农耕文化中的劳动价值观：中国传统社会以农业为基础，农耕文化贯穿了整个社会生活和思想体系。在这种背景下，劳动被赋予了崇高的价值，劳动不仅是生存手段，更是对自然的尊重与顺应。许多儒家学者如朱熹强调农事的重要性，认为通过务农，可以体会到自然的变化、天地的法则，从而提升个人修养和社会责任感。中国古代的许多诗文，如陶渊明的田园诗，表达了对劳动的赞美和对自然和谐生活的向往。

"工匠精神"的文化传统：在中国古代，工匠精神作为劳动文化的体现，强调精益求精、持之以恒的劳动态度。工匠不仅追求劳动成果的完美，还通过劳动展现了对艺术和技术的追求。鲁班作为中国古代杰出的工匠代表，他的劳动智慧与技术创新成为传统劳动文化的象征，至今仍被视为劳动和创造的典范。中国传统工艺，如建筑、木雕、陶艺等，体现了劳动者在技艺上追求卓越和不断创新的精神。

2. 中国古代教育思想中的劳动观

在中国古代教育思想中，劳动不仅是传授知识的手段，还被视为培养德行、磨砺心性的必要途径。许多教育家主张"劳学结合"，将劳动作为教育的重要组成部分，强调在劳动中培养学生的实践能力、道德品质和社会责任感。

儒家思想中的"耕读文化"：儒家重视"耕读结合"，主张教育应与劳动紧密结合，强调通过劳动实现"修身"的教育目标。孔子提出"有教无类"，倡导教育应覆盖各个阶层，劳动是道德修养的方式之一。尤其是在农耕社会，耕读文化将农业劳动与学问相结合，形成了中国古代独特的教育传统。在明清时期，许多士人家庭通过"耕读传家"，既重视子女的文化教育，又强调通过参与劳动培养耐心和社会责任感。

"劳学结合"的教育实践：中国古代许多思想家提倡"劳学结合"的教育方法，认为劳动能够帮助学生将所学知识应用于实践中，从而提升其综合能力。明代教育家王阳明提出"知行合一"的思想，强调知识与实践相结合，学生应通过劳动实践来加深对理论知识的理解，避免脱离实际的"空谈"。这种教育理念在古代书院和学堂中都得以贯彻，通过劳作、务农等方式，学生既学习文化知识，也通过劳动锻炼实践能力。

"农本教育"与乡村社会的劳动实践：中国古代社会中，许多乡村地区依托农业经济发展，教育也强调农事劳动的重要性。在宋代和明代，地方书院通常会将农事活动与文化教育结合，推行"农本教育"。这种教育模式鼓励学生不仅要学习经典，还要亲身参与耕种、管理农事，通过实际劳动理解农业生产的规律和重要性。劳动在教育中的核心地位得以巩固，形成了"耕读传家"的传统。

3. 劳动在传统儒家教育中的社会责任感培养

中国传统劳动文化强调通过劳动培养人的社会责任感。儒家思想特别注重个体与社会的关系，强调个人通过劳动不仅要满足自身的生存需求，还应为社会做出贡献，实现个体与集体的和谐发展。

"修齐治平"中的劳动责任：在儒家思想中，劳动不仅是个人的生存手段，更是实现"修身齐家治国平天下"的重要途径。通过劳动，个体能够锻炼自己的品德，理解人与人之间的相互依赖，进而为家庭和社会服务。在儒家的"修齐治平"思想体系中，劳动不仅是实践自我修养的重要方式，也是一种服务社会的责任。

"忠恕之道"与劳动的社会责任：儒家的"忠恕之道"强调对他人和社会的责任，而劳动正是实现这一责任的重要方式。劳动不仅是自我实现的途径，还是对社会的一种奉献和服务。孟子提到，"天下之本在国，国之本在家，家之本在身"。这表明，通过劳动来维持家庭和社会的正常运转是每个人的社会责任，劳动不仅关系个人福祉，也影响社会和谐。

"义利观"与劳动价值：中国传统劳动观强调义利并重，劳动不仅为了谋取物质利益，更是为了追求道德修养和精神境界的提升。古代社会中许多劳动者，特别是农民和工匠，通过劳动不仅追求生活的温饱，还致力于劳动成果的精益求精、服务社会。儒家提倡"为国为民"的劳动价值观，认为劳动不仅是为了自我生存，更应考虑社会利益和大众福祉。

4. 中国传统劳动文化与现代劳动教育的联系

中国传统劳动文化和教育思想对当代劳动教育产生了深远影响。现代劳动教育不仅继承了传统文化中对劳动的崇敬与尊重，还进一步结合了当代教育理念，提升了劳动教育在实践中的地位与作用。

尊重劳动的价值理念传承：中国传统文化中劳动价值观强调劳动的道德修养功能，这一理念在现代劳动教育中得到了继承和发扬。新时代的劳动教育不仅关注技能传授，还强调通过劳动培养学生的责任感、集体主义精神和道德品质。例如，现代劳动教育提倡通过劳动实践帮助学生形成正确的劳动价值观，增强对社会的责任感。

实践能力与创新精神的培养：古代"知行合一""劳学结合"的思想启示了当代劳动教育中实践能力与创新精神的培养。劳动不仅是技能训练的过程，更是培养学生创新能力的重要手段。中国传统教育强调通过劳动实践将理论知识转化为现实技能，现代劳动教育延续了这一思想，通过多样化的劳动实践项目，提升学生的动手能力和创新意识。

集体主义与社会责任教育的传承：中国传统劳动文化中注重集体劳动和社会责任，这一精神在现代劳动教育中得到了进一步发扬。现代劳动教育强调通过集体劳动、公益服务等方式，帮助学生在劳动中理解社会责任，增强服务社会的意识。通过劳动教育，学生不仅培养了个人技能，更增强了对社会公共事务的参与感和责任感。

中国传统劳动文化与教育思想中高度重视劳动的道德修养和社会责任功能，这为当代劳动教育提供了深厚的文化根基与理论支撑。从儒家的"耕读文化"到"知行合一"的实践教育，中国传统劳动观强调通过劳动培养个人品德、社会责任感和创新能力。这一思想在现代劳动教育中得到了传承和发展，为新时代背景下劳动教育的设计与实施提供了宝贵的借鉴。

2.1.3 现代教育学对劳动教育的理解

现代教育学中的劳动教育，不仅继承了传统劳动观的精华，还结合了社会、经济、科技的现代发展需求，对劳动教育进行了更加系统、科学的阐述。现代教育学将劳动教育视为学生综合素质培养的核心要素之一，强调劳动教育在学生技能培养、创新精神激发、社会责任感增强和全面发展中的重要作用。通过现代教育学的视角，劳动教育被赋予了更丰富的内涵和更多的实践功能。

1. 劳动教育是全面发展的重要组成部分

在现代教育学中，劳动教育被视为学生全面发展不可或缺的组成部分。联合国教科文组织提出的"教育四大支柱"——"学会认知、学会做事、学会共处、学会生存"中，劳动教育直接涉及"学会做事"和"学会共处"。劳动教育不仅帮助学生掌握实际操作技能，还在培养学生的合作精神和社会责任感方面发挥了重要作用。

促进学生的全面素质发展：现代教育学认为，劳动教育能够通过实践活动培养学生的智力、体力、情感和社会性发展。劳动不仅是体力劳动，还涉及智力劳动、创新劳动等多方面内容，这种多维度的实践体验有助于提升学生的综合素质。例如，在动手操作中，学生需要进行认知判断、计划和执行任务，从而在实践中锻炼逻辑思维能力和问题解决能力。

与德智体美劳全面发展的结合：新时代教育强调德智体美劳全面发展，而劳动教育在其中起到了连接实践和理论的桥梁作用。通过劳动教育，学生能够将课堂上学到的知识运用于实际操作中，从而增强了实践能力。同时，劳动教育可以培养学生的责任感、团队合作精神、身体素质等，达到全面发展的目标。

2. 劳动教育中的技能培养与职业素养提升

现代教育学强调，劳动教育不仅仅是体力劳动的重复，而是通过多样化的实践活动帮助学生提升职业技能和职业素养。劳动教育的目标不仅在于让学生掌握特定的技术，更在于培养学生适应现代社会和工作环境所需的职业态度、责任意识和创新能力。

技能培养与动手能力提升：劳动教育的一个核心目标是提升学生的实际操作能力和专业技能。现代教育学提出，劳动教育应结合学生所学专业和未来职业发展的需求，设计有针对性的实践课程。

职业素养的培养：现代社会对高素质劳动力的需求不仅局限于技能层面，还包括职业素养的提升。现代教育学认为，劳动教育在帮助学生养成敬业精神、责任意识、团队合作能力等职业素养方面具有不可替代的作用。通过参与真实的劳动实践项目，学生能够体验工作环境中的压力和挑战，学会在职业活动中保持责任感和职业道德。

3. 劳动教育与学生心理健康的促进

现代教育学也强调劳动教育在促进学生心理健康方面的积极作用。通过劳动实践，学生能够释放压力，增强自信，培养积极的劳动态度，改善心理健康状况。

劳动中的成就感与自我效能感：通过完成劳动任务，学生能够获得成就感和自我效能感，这对于提升他们的自信心和自我认同感具有重要意义。现代教育学研究表明，当学生在劳动实践中克服困难、完成工作时，他们能够体验到通过努力获得成功的喜悦，这种积极体验对其心理健康有着积极影响。

劳动活动中的心理调节作用：现代生活的快节奏常常导致学生产生压力和焦虑，劳动教育提供了一种有效的心理调节方式。通过体力劳动和实践活动，学生能够暂时从学习压力中解脱出来，专注于劳动过程，从而缓解焦虑情绪。这种通过劳动调节心理状态的方式，能够帮助学生在繁重的学业压力下保持心理平衡。

4. 劳动教育与教育公平

现代教育学认为，劳动教育在推动教育公平方面具有重要的社会意义。劳动教育通过实践活动为不同背景的学生提供平等的学习和发展机会，尤其对于那些在学术教育上处于劣势的学生，劳动教育可以帮助他们通过实践获得成功的体验，从而提升自信心和学习动力。

促进学生平等发展的平台：劳动教育通过实际劳动为学生提供了一个不依赖智力水平的学习平台，学生可以通过劳动获得与知识学习不同的成功体验。无论学生的学术水平如何，在劳动教育中，他们都能够通过动手操作、团队合作等形式，展示自己的才能。这种教育模式为各类学生提供了平等发展的机会，促进了教育公平。

社会流动的教育路径：劳动教育为那些处于经济和社会弱势地位的学生提供了一条实现社会流动的路径。现代社会中，掌握劳动技能能够帮助学生进入劳动力市场，获得更好的就业机会。通过劳动教育，学生不仅能够学习到技术技能，还能够通过实践提升职业素养，这为他们未来的职业发展提供了坚实的基础，促进了社会阶层的流动。

现代教育学对劳动教育的理解更加全面和多元化。劳动教育不仅是提升学生技能的手段，也是促进学生全面发展的重要途径。通过劳动教育，学生可以提升实践能力、培养创新精神、增强社会责任感，并在劳动中促进心理健康与团队合作能力的发展。同时，劳动教育在推动教育公平、促进社会流动等方面也具有重要的社会意义。在新时代背景下，现代教育学对劳动教育的理解为高职院校劳动教育的设计和实施提供了科学依据和理论支持，使劳动教育成为培养学生综合素质、服务社会发展的重要教育形式。

2.2 劳动教育的心理学基础

2.2.1 实践学习理论

实践学习理论（Experiential Learning Theory）是现代教育学中的重要理论之一，强调通过直接的经验和实践活动进行学习和知识建构。这一理论源自约翰·杜威（John Dewey）、大卫·柯尔布（David Kolb）等教育学家的研究与探讨，认为学习不仅仅是通过书本或课堂教学获得的知识，更需要通过亲身实践、反思与探索来完成。实践学习理论特别适用于劳动教育，因为它强调通过实际动手操作和现实情境中的体验，来促进学生的认知发展、技能提升和创新能力的培养。

1. 实践学习理论的核心思想

实践学习理论的核心在于，学习是一个主动参与和反思的过程，个体通过经验不断地建构和改进自己的知识结构。学习者不仅仅是被动的接受者，他们在学习过程中需要通过直接的实践活动、反思与分析，逐渐加深对知识的理解和掌握。

学习是一个循环的过程。大卫·柯尔布提出的实践学习理论模型强调学习是一个连续的循环过程，包括四个阶段：具体经验（Concrete Experience）、反思观察（Reflective Observation）、抽象概念化（Abstract Conceptualization）和主动实践（Active Experimentation）。学习者通过亲身参与具体的经验活动，在反思这些经验的过程中进行观察与分析，然后通过抽象思维将所学内容内化，最后在新的情境中主动应用这些知识和技能。

经验作为学习的基础。实践学习理论认为，经验是学习的基础，个体通过在现实中的亲身体验积累知识。实践活动为学习者提供了真实的情境，帮助他们通过观察、操作、实验和合作等方式，深化对所学知识的理解。例如，在劳动教育中，学生通过参与农业种植、设备维修、机械操作等实践活动，能够更直观地掌握生产流程和工具使用等技能。

反思在学习中的重要作用。反思是实践学习理论中的关键环节，个体通过对实践活动的反思来理解经验、发现问题并改进行为。在劳动教育中，学生通过反思劳动过程中的困难和解决方法，可以加深对劳动内容的理解，提升自己的操作技能与创新能力。

2. 实践学习理论的起源与发展

实践学习理论可以追溯到约翰·杜威的"做中学"教育理念，以及之后大卫·柯尔布等对实践学习模式的系统化研究和发展。约翰·杜威是实践学习理论的先驱,他认为,知识的获取并不是通过教师灌输,而是通过学生在真实情境中的亲身参与与体验。他提出"教育即生活",强调学校应当提供与社会生活紧密结合的实践活动,使学生在解决实际问题的过程中获得知识。约翰·杜威的理论强调将理论与实践结合,学习过程应当是通过参与社会劳动、解决实际问题来进行的。大卫·柯尔布在约翰·杜威的基础上提出了具体的实践学习模型,即学习是一个循环的过程。大卫·柯尔布认为,学习者通过四个步骤进行知识构建:首先是通过具体的实践经验获取知识,其次对这些经验进行反思,再次是将反思的结果进行抽象概念化,最后通过实际应用验证所学知识。这一理论被广泛应用于职业教育、劳动教育和成人教育中,尤其适合那些需要通过实践操作提升技能的教育领域。

实践学习理论在劳动教育中的应用具有天然的契合性。劳动教育本身就包含了大量的实践活动,而实践学习理论强调通过体验与反思的学习过程,能够帮助学生在劳动实践中更好地掌握技能、培养创新能力和增强社会责任感。通过动手操作和亲身体验进行学习,这种方式大大提升了学生的学习兴趣和参与度。学生通过具体的实践活动,不仅能够亲身体验劳动的过程,还能将理论知识应用于实际问题中,这种学习方式相比单纯的理论灌输更具吸引力和成效。其中的反思环节有助于学生在劳动过程中不断思考和改进,学生不仅学会如何完成任务,还能在过程中进行探索和创新。通过具体经验获得知识,这种学习方式将理论与实践紧密结合,尤其适用于高职院校中的劳动教育,帮助学生在实践中加深对专业知识的理解。

然而,如何有效设计实践活动是该理论在日常教学活动中的挑战。实践学习理论要求学习者在具体经验中进行反思与知识建构,因此如何设计有效的实践活动成为劳动教育中的一个关键挑战。实践活动不仅需要与学习目标紧密结合,还需要提供足够的反思和创新空间,以确保学生能够在体验中真正内化知识。除此之外,反思能力的培养也是需要重视的一个方面。实践学习的一个重要环节是反思,但并不是每个学生都能自发地进行有效的反思。如何在劳动教育中引导学生进行深度反思,从而将经验转化为知识,是实践学习理论应用中的一个难点。教师需要在教育过程中引导学生学会如何在劳动中进行反思,并通过问题引导、讨论和总结帮助学生提升反思能力。

2.2.2 学习动机与劳动教育

学习动机是学生进行学习活动的内部驱动力,是决定学习行为方向、强度和持久性的心理因素。在劳动教育中,学习动机是学生主动参与劳动实践、掌握劳动技能、提升职业素养的关键因素。现代教育学认为,通过增强学生的学习动机,可以更好地实现劳动教育的育人目标,使学生在劳动中不仅获得知识和技能,还能形成正确的劳动价值观和社会责任感。

1. 学习动机的定义与类型

学习动机指引导个体投入学习活动的内在心理力量，它由个体的需要、兴趣、目标、信念等因素构成，是推动学习行为的重要驱动力。学习动机可以分为内在动机和外在动机，二者在劳动教育中扮演着不同但相辅相成的角色。

内在动机：内在动机是学习者基于自身兴趣和对劳动本身的喜爱所产生的学习意愿。在劳动教育中，内在动机表现为学生对劳动过程本身的兴趣，如享受动手实践、解决实际问题、与同伴合作完成劳动任务等。内在动机通常与学生的自我效能感、自我实现的需求密切相关。

外在动机：外在动机则是学习者受到外部奖励、社会认可或为了达到某个目标而进行学习。在劳动教育中，外在动机可能源于学校的评估与奖励机制、家长和教师的鼓励、未来的职业发展前景等。外在动机在劳动教育中也发挥着重要作用，尤其是在学生初期还未形成对劳动的内在兴趣时，外部的奖励和激励措施可以有效促使学生参与劳动实践。

2. 学习动机对劳动教育的影响

在劳动教育中，学习动机对学生参与实践活动的积极性、坚持度和劳动成效有着直接影响。只有具备强烈学习动机的学生，才能主动参与劳动，克服劳动过程中的困难，并在劳动实践中获得成长与进步。学习动机越强烈，学生参与劳动教育的积极性就越高。在劳动教育中，学生往往需要面对不熟悉的技能学习和体力劳动的挑战，内在动机强烈的学生会因兴趣而乐于动手操作，享受探索与发现的过程；而外在动机强烈的学生则可能会因为劳动的奖励机制或未来的职业需求而更加投入劳动实践。

劳动教育往往是一个持续的过程，学习动机的持久性直接影响学生的坚持度和劳动的有效性。学生在劳动过程中可能会遇到各种困难与挫折，内在动机较强的学生往往因为对劳动的兴趣而愿意克服困难，而外在动机也能在关键时刻激励学生继续前行。具备强烈学习动机的学生在劳动中不仅能获得更好的成果，还能通过不断尝试和反思提高创新能力。内在动机促使学生在劳动中主动思考、积极探索，追求最佳的劳动方法，而这种探索精神正是培养创新能力的关键因素。内在动机强的学生可能会在劳动过程中主动探索更高效的方法，从而提出创新性的改进方案，提升劳动成效。

3. 在劳动教育中激发学生学习动机的方法

为了使劳动教育更加有效，教师需要运用多种策略激发和增强学生的学习动机，使学生对劳动产生兴趣，并通过积极的劳动体验获得成就感和满足感。

明确劳动教育的目标和意义：学生在劳动教育中常常需要掌握一些新的技能和知识，教师应通过明确的目标设定，使学生认识到劳动教育的意义和价值。这种明确目标的设定能够增强学生的外在动机，使其更加愿意参与劳动实践。

结合兴趣点设计劳动项目：兴趣是最好的老师。教师可以结合学生的兴趣点来设计劳动项目，以激发学生的内在动机。通过兴趣驱动的劳动教育，学生会更加热情地投入到项目中，积极探索并享受劳动过程。

提供及时的反馈与鼓励：劳动教育中的反馈和鼓励对增强学生的学习动机具有重要作用。教师应当及时对学生的劳动成果进行评价，给予积极的反馈和鼓励，使学生能够感受到劳动的成就感。当学生成功完成某个任务时，教师应当及时表扬，并指出其努力的地方，使学生从中获得成就感，从而激发其继续学习的动机。

运用奖励机制与竞争机制：外在激励是增强学习动机的重要手段之一。在劳动教育中，可以设置奖励机制，表彰在劳动中表现优秀的学生。例如，可以为参与劳动实践并取得良好成绩的学生授予"劳动标兵"或"创新能手"等称号。同时，适当引入竞争机制，如组队完成某个劳动任务，并通过比赛评选最佳团队，以激发学生的参与热情。

设计真实情境与实践任务：实践学习理论强调通过真实情境的体验来促进知识的内化，在劳动教育中，教师应设计具有现实意义的劳动任务，使学生能够将劳动教育与实际生活和职业需求联系起来。让学生意识到他们的劳动能够对真实生活产生实际贡献，这种真实情境的体验能够显著增强学生的内在动机。

学习动机是影响劳动教育成效的关键因素，内在动机和外在动机在劳动教育中相辅相成，共同激发学生的劳动积极性和探索精神。现代劳动教育应通过明确目标、结合兴趣点设计劳动项目、提供积极反馈、引入奖励机制以及设计真实情境等方法来增强学生的学习动机。通过激发学习动机，劳动教育可以更加有效地培养学生的实际操作技能、职业素养、创新能力和社会责任感，帮助学生在劳动中成长，全面提升综合素质。

2.2.3 劳动教育对个体认知发展的作用

劳动教育不仅是学生掌握实际操作技能、培养职业素养和社会责任感的重要途径，更在促进个体的认知发展方面发挥着不可替代的作用。现代教育学认为，劳动教育通过实践活动和动手操作，有助于促进学生认知能力、创造性思维以及学习兴趣和学习能力的提升。在劳动教育中，学生通过亲身实践获得的经验和知识，不仅有助于对知识的深刻理解，还能够培养独立思考、问题解决等高级认知能力。

1. 劳动教育有助于促进对知识的理解与深化

劳动教育通过实践活动，帮助学生将抽象的理论知识与具体的劳动实践相结合，从而加深对知识的理解与内化。在学习过程中，单纯依靠课堂讲解，学生可能难以将理论知识有效转化为实际能力，而劳动教育则为这种转化提供了必要的桥梁。通过动手操作和真实的实践场景，学生不仅能够巩固课堂上学到的知识，还能在具体的实践过程中反思和运用这些知识，促进其进一步深化。

劳动教育中的一个核心特点是理论与实践的有机结合。传统的知识传授模式通常较为抽象，学生往往需要依靠记忆和逻辑推理去理解和掌握复杂的概念。而通过劳动教育，学生能够在动手操作中将这些抽象的知识转化为具体的应用，进而提高他们对理论知识的掌握程度。这种结合方式让学生不仅停留在理论层面，还能将知识应用于实际场景，促进其对复杂问题的思考和解决能力的提升。

同时，劳动教育的体验式学习模式符合现代教育学中的深度学习理念。深度学习强调学生通过反复的实践和探索，将所学知识转化为长期记忆并形成能力。劳动教育通过让学生在劳动过程中不断实践和操作，帮助他们从单纯的听讲者转变为主动的参与者，在实际操作中验证、应用并内化知识。这种从"做中学"的方式不仅让学生的学习体验更加丰富，还促使他们在不断的操作中加深对知识的理解。

劳动教育的实践活动提供了丰富的应用场景，使得学生能够在真实情境下将理论知识进行实际运用。课堂上学到的知识通常比较抽象，而实际操作中的具体情境能够让学生将这些知识应用于解决不同问题的过程中。在这个过程中，学生不仅能够检验自己的学习成果，还能通过不断的反馈和调整，更加牢固地掌握这些知识。劳动教育的实践性不仅增强了学生的知识应用能力，也使得他们在应对不同挑战时更有自信。

此外，劳动教育通过动手实践增强了学生的学习动机。在传统的教学模式中，学生的学习动力往往来源于考试和成绩的压力，然而劳动教育通过实践活动所带来的成就感和满足感，能够激发学生的内在学习动力。在劳动过程中，学生能够亲身体验到知识的实际作用，这种亲身参与带来的积极反馈，有助于学生更主动地去学习和应用理论知识。同时，劳动教育中的反馈机制也能够帮助学生不断调整自己的学习方法，促进其知识的持续深化。

通过劳动教育，学生能够形成系统的知识结构。在理论学习中，知识点往往是分散的，学生难以将其整合形成完整的知识框架。而劳动教育中的实践操作要求学生在解决实际问题时，将不同的知识点进行整合和应用。这不仅帮助学生将课堂上学到的零散知识串联起来，还促使他们形成一个完整的知识体系，从而对所学内容有更加全面的理解。劳动教育的这种综合性学习方式，能够有效提升学生的认知能力和知识整合能力。

2. 劳动教育有助于提升问题解决能力

劳动教育通过提供丰富的实践场景，有效提升了学生的逻辑思维和问题解决能力。在劳动过程中，学生常常面对各种挑战和问题，这需要他们进行分析、判断，并找到合适的解决方案。通过这种实践，学生的逻辑思维能力得到了显著增强，因为他们必须从具体任务出发，推理出最佳的操作方法和步骤。这种思考和实践结合的过程，使学生能够更灵活地运用所学知识，从而提升推理和解决问题的能力。

此外，劳动教育中的问题往往是复杂且系统性的，学生必须从整体角度来分析和解决问题。这种要求培养了学生的系统思维能力，使他们在处理问题时能够考虑到多个环节和因素之间的相互关系。通过在复杂情境下的反复实践，学生逐渐学会了如何全面评估问题，制定合理的解决方案，这对其未来在工作中综合能力的提升具有重要意义。

劳动教育还通过真实的情境帮助学生应对突发问题，在这种情况下，学生需要快速作出反应，并利用现有资源解决问题。这种锻炼不仅提高了他们的应变能力，也培养了他们在团队中合作解决复杂问题的能力。通过这种合作，学生学会了如何沟通和协作，进一步增强了未来在工作中处理问题的综合能力。

3. 劳动教育有助于激发创造性思维

劳动教育中的动手操作和实践活动为学生提供了创造性解决问题的机会，极大地促进了学生创新思维和创造能力的发展。在劳动过程中，学生能够通过亲自参与操作，发现新的可能性，并提出创造性的改进方案。这种实践活动不仅是理论知识的应用，更是创新思维的发源地，为学生提供了丰富的创新场景和思考机会。

首先，劳动教育通过实践激发了学生的创新灵感。与传统的课堂学习不同，劳动教育注重学生在实际操作中的体验与发现。通过动手操作，学生能够在具体的任务中发现问题、遇到挑战，并且通过自主探索去寻找解决方案。在这一过程中，学生往往能够跳出传统思维的框架，发现新的方法或途径，进而激发出创新灵感。这种在实践中获得的灵感，不仅是创造性思维的起点，还为学生提供了在不同情境中灵活应对问题的能力。

其次，劳动教育为学生营造了一个鼓励探索与试错的创新氛围。在实践活动中，学生可以大胆尝试不同的操作方法，不必过分担心失败，因为劳动教育本身就强调试错和探索的重要性。这种宽容失败的环境使学生能够在反复的尝试和调整中不断改进操作，最终找到最佳的解决方案。通过这一过程，学生不仅学会了如何面对不确定性和复杂性，还培养了在面对未知挑战时的创造性思维。

最后，劳动教育的动手实践本身就是一个创新的过程。学生在操作中必须时刻保持灵活性和适应性，因为他们面对的问题往往没有固定的解决路径。通过自由探索和反复实践，学生能够培养独立的思维方式，并在劳动中不断突破传统框架的束缚，提出更具创意和实用价值的解决方案。

4. 劳动教育对学习兴趣与动机的激发

劳动教育通过实践活动激发学生的学习兴趣和内在动机，使他们对知识的学习更具主动性和积极性。在劳动教育中，学生通过亲身体验获得成功感和成就感，这种积极的学习体验有助于培养他们对劳动和学习的兴趣。

劳动实践中的成就感与学习动机：学生在劳动过程中通过解决实际问题、完成劳动任务，能够体验到成功的喜悦和劳动的成就感。这种正向的体验会增强学生的内在学习动机，使他们更加愿意主动参与劳动和学习。

通过动手操作增强学习的主动性：劳动教育强调动手操作和实践探索，这种学习方式相比单纯的理论教学更具吸引力。在劳动中，学生通过实践活动直观地看到自己劳动的成果，这种动手的过程能够激发他们学习的主动性，使他们在实践中不断探究、提出问题并主动寻求答案。

5. 劳动教育对元认知能力的培养

劳动教育还对学生元认知能力的发展具有重要作用。元认知是指个体对自身认知过程的监控和调节能力，包括对自己学习过程的计划、监控和评估。在劳动教育中，学生通过反思劳动过程、评估劳动成果，可以有效提升元认知能力。

反思劳动过程中的学习与改进：劳动教育要求学生在劳动实践中不断反思操作过程、评估劳动效果并进行改进，这种反思的过程有助于培养学生的元认知能力。

计划与评估劳动任务：劳动教育中的一些复杂任务需要学生进行合理的计划和分工，这对学生的元认知能力培养具有积极作用。学生在劳动任务开始前需要进行工作计划，明确各个环节的步骤和目标，而在劳动结束后，还需要评估整个劳动过程的执行情况。这种计划与评估的过程能够帮助学生更好地掌控学习节奏，提升学习的自我调节能力。

劳动教育通过实践活动对个体认知发展产生积极影响。它通过动手操作和体验式学习，加深学生对知识的理解，提升他们的逻辑思维、问题解决能力和创造性思维能力。同时，劳动教育还激发了学生的学习兴趣，增强了他们的学习动机，并通过反思与自我评估，促进了元认知能力的发展。在高职院校的劳动教育中，应充分运用劳动教育的认知发展功能，通过设计多样化的实践活动，帮助学生在劳动中实现认知能力的全面提升，从而培养具有创新能力、社会责任感和实践能力的高素质劳动者。

2.3 劳动教育与德育的关系

2.3.1 劳动教育中的价值观教育

劳动教育不仅是提升学生技能和职业素养的手段，更是价值观教育的重要途径。通过劳动教育，学生可以在实践中深刻体会劳动的意义，培养正确的劳动价值观，包括尊重劳动、热爱劳动、珍惜劳动成果，以及对社会和集体的责任感。劳动教育中的价值观教育对于塑造学生的人生观、社会观和道德观具有重要意义，是实现德智体美劳全面发展的关键环节。

1. 劳动教育中的价值观内涵

劳动教育中的价值观教育主要包括尊重劳动和劳动者、劳动的意义与劳动精神以及劳动的社会责任等方面。通过劳动教育，学生不仅要掌握劳动技能，还应树立正确的劳动观，理解劳动的深层次价值。

尊重劳动和劳动者：在劳动教育中，首先要培养学生对劳动和劳动者的尊重意识。劳动是社会财富的源泉，也是人类发展的基础。学生通过参与实际劳动，可以体会到劳动的艰辛和劳动者的重要性，从而培养对劳动的敬畏之心和对劳动者的尊重之情。

劳动的意义与劳动精神：劳动教育应帮助学生理解劳动的意义，培养他们热爱劳动的精神。劳动不仅是物质财富的创造手段，也是个体实现自我价值和社会价值的重要方式。通过劳动教育，学生可以认识到劳动对个人发展和社会进步的重要性，培养艰苦奋斗、精益求精的劳动精神。

劳动的社会责任：劳动教育还应当培养学生的社会责任感，使他们认识到劳动不仅仅是谋生的手段，也是对社会的贡献。学生通过劳动实践，不仅学会如何完成任务，还要理解自己的劳动如何服务于社会，如何推动社会的进步和发展。

2. 劳动教育价值观教育的重要性

在劳动教育中进行价值观教育具有重要意义，这是帮助学生树立正确的人生观、世界观和价值观的重要途径。在现代社会，劳动价值观的教育对培养有社会责任感、德智体美劳全面发展的新时代人才尤为关键。

树立正确的劳动观念：在现代社会，部分学生对劳动的认识存在偏差，可能认为劳动是低层次的、体力密集的工作，而忽视了劳动的价值。劳动教育中的价值观教育有助于矫正这些偏见，帮助学生认识到劳动的重要性和崇高性。通过劳动实践，学生能够体验到劳动的价值，理解劳动不仅是创造财富的手段，更是实现个人和社会价值的重要方式。

增强社会责任感和集体意识：劳动教育通过集体劳动和社会服务活动，培养学生的社会责任感和集体意识。在劳动中，学生不仅要完成自己的任务，还要与他人合作、为团队贡献自己的力量，这有助于培养他们的集体主义精神和合作意识。例如，通过团队合作完成农业生产劳动，学生能够认识到自己在团队中的角色与责任，理解合作对完成集体目标的重要性，从而增强集体意识。

培养艰苦奋斗和创新精神：劳动教育中的价值观教育还包括艰苦奋斗和创新精神的培养。通过劳动，学生能够认识到劳动过程中的挑战与困难，学会迎难而上，培养不怕吃苦的精神。同时，在劳动中遇到问题和挑战时，学生需要通过创新和改进来找到解决方案，这一过程能够有效培养他们的创新精神。

3. 劳动教育中的价值观教育实践方法

为了在劳动教育中有效地进行价值观教育，教师需要采用多种方式，将价值观的引导与劳动实践有机结合，使学生在劳动过程中自然地形成正确的劳动观。

在劳动教育中，结合实际劳动任务进行价值引导，是帮助学生树立正确劳动观的重要途径。通过实际的劳动任务，教师不仅能够教授学生具体的技能，还能够在实践中融入价值观教育，帮助学生认识劳动的意义和价值，培养他们的责任感、团队合作精神和职业素养。

劳动反思与讨论：反思是劳动教育中价值观教育的重要环节。通过劳动后的反思与讨论，学生可以总结劳动过程中的收获，理解劳动的意义和价值。教师可以组织学生在完成劳动任务后进行小组讨论，分享各自的劳动体验和感受，从而帮助学生在交流中相互启发，深化对劳动价值的认识。

社会服务与公益劳动：社会服务和公益劳动是劳动教育中进行价值观教育的重要途径。通过参与社区服务、环境保护等社会公益活动，学生能够在实践中感受到劳动对社会的贡献，增强社会责任感和服务意识。例如，组织学生参与社区环境整治，通过劳动为社区环境改善做出贡献，这种公益劳动有助于增强学生的社会责任感和集体服务意识，使他们认识到自己的劳动可以为社会带来积极的改变。

榜样教育与劳动故事分享：榜样教育是劳动教育中价值观教育的有效方式。教师可以通过介绍优秀劳动者的事迹和典型劳动故事，帮助学生树立尊重劳动、热爱劳动的价值观。例如，介绍古代工匠精神、现代劳动模范的故事，帮助学生理解劳动的崇高价值，激发他们对劳动的敬畏和热爱之情。

4. 劳动教育价值观教育的挑战与对策

在劳动教育中的价值观教育实践中，可能面临一些挑战，尤其是学生对劳动的理解和对劳动价值的认同存在差异。因此，教师需要采取有效的对策，以增强劳动教育中的价值观引导效果。

学生对劳动的理解偏差：部分学生可能对劳动的意义和价值存在误解，认为劳动是低层次的工作。对此，教师应通过理论与实践相结合的方式，引导学生正确认识劳动的意义。例如，通过课堂教学让学生了解劳动对社会发展的重要性，同时通过实践活动让学生体验劳动的价值，从理论和实践两方面增强对劳动的理解。

学生对劳动缺乏兴趣：部分学生可能缺乏对劳动的兴趣，这将影响劳动教育中价值观教育的效果。教师应通过激发学生的内在动机，使他们认识到劳动的乐趣和价值。例如，结合学生的兴趣点设计劳动任务，如通过创新性劳动项目让学生体验劳动的成就感和创新的乐趣，从而增强他们对劳动的兴趣。

劳动教育形式单一：如果劳动教育形式单一，学生在长期重复的劳动中可能会失去兴趣和热情。对此，教师应丰富劳动教育的形式，通过设计多样化的劳动任务、结合科技创新的实践活动，使劳动教育更加具有趣味性和挑战性。例如，将科技元素融入劳动教育，使学生在实践中感受到劳动的现代化和多样性。

劳动教育中的价值观教育对于培养学生的劳动观、社会责任感和集体意识具有重要意义。通过劳动教育，学生不仅能够掌握劳动技能，还可以在劳动中理解劳动的意义，树立尊重劳动、热爱劳动的价值观。教师在劳动教育中应通过结合实际任务的引导、劳动后的反思与讨论、社会服务与公益劳动以及榜样教育等方式，帮助学生在劳动中形成正确的劳动观和社会责任感。在劳动中通过有效的价值观教育，能够实现德智体美劳的全面育人目标，培养具有创新精神、责任感和团队合作意识的新时代劳动者。

2.3.2 劳动教育与思想政治教育的融合

劳动教育与思想政治教育的融合，是新时代教育改革的一个重要方向。通过将劳动教育与思想政治教育有机结合，可以实现二者在学生全面发展中的协同作用，既提升学生的劳动技能与实践能力，又帮助他们树立正确的思想观念和价值体系。劳动教育中的实践性、动手性和体验性，为思想政治教育提供了丰富的素材和情感体验，而思想政治教育则为劳动教育注入了思想引领和精神激励方面的内容，使学生在劳动中实现对劳动意义、社会责任的深刻认知与认同。

1. 劳动教育与思想政治教育融合的必要性

在现代社会，劳动教育和思想政治教育的融合是实现德智体美劳全面育人的必要手段。劳动教育与思想政治教育分别从实践和思想层面对学生进行培养，通过二者的融合，可以将学生在劳动中形成的体验与思想政治教育的理论引导结合起来，促进学生对劳动价值和社会责任的理解与认同。

深化学生对劳动的理解：劳动教育通过实践活动帮助学生体验劳动的艰辛与收获，而思想政治教育则可以进一步引导学生从理论层面理解劳动的意义。通过二者的融合，学生不仅在劳动中掌握技能、获得成就感，还能在思想政治教育的引导下认识到劳动对于个人发展、社会进步的重要性。

培养学生的社会责任感与劳动精神：劳动教育中的思想政治引导有助于培养学生的社会责任感，使学生理解劳动不仅是谋生的手段，更是对社会的贡献。思想政治教育可以帮助学生从更广泛的社会视角认识劳动的意义，形成服务社会、奉献社会的意识。例如，在环境监测技术的劳动项目中，教师通过结合环保理念的思想政治教育，引导学生认识到劳动在环境保护中的重要性，从而培养他们的社会责任感和生态意识。

提升劳动教育的思想高度：单纯的劳动教育可能容易流于技能训练，而缺乏思想深度。而通过与思想政治教育的融合，劳动教育能够在提升劳动技能的同时，帮助学生树立正确的劳动价值观和人生态度，使劳动成为一种具有思想内涵的教育过程。

2. 劳动教育与思想政治教育融合的实现途径

在教育实践中，将劳动教育与思想政治教育有效融合需要科学的设计和多样化的教学策略。通过在劳动教育的各个环节中融入思想政治元素，教师可以帮助学生在劳动中感悟思想，在思想引领中更好地理解劳动的意义。

劳动过程中的思想政治元素融入：教师可以在劳动教育的各个环节中融入思想政治元素，将思想政治教育与劳动教育的具体实践相结合。例如，在无人机的装调与检修过程中，教师可以通过讲述无人机在紧急救援、农业监控中的应用，激发学生对社会责任的认知，使他们认识到自己所学技能的社会价值。在每次劳动实践开始前，可以设置"思想政治导入"环节,让学生理解本次劳动与社会发展的关联。

通过劳动反思促进思想升华:反思是劳动教育中的重要环节,通过劳动后的反思与思想政治教育的结合,可以促进学生对劳动价值的思想升华。例如,在完成劳动任务后,教师可以组织学生进行小组讨论,反思劳动过程中的收获和感悟,结合思想政治教育内容,引导学生将劳动中的具体体验与社会责任、个人价值联系起来,从而深化对劳动精神的理解。例如,在完成食品生产劳动后,引导学生讨论食品生产过程的社会影响,认识食品安全对于公众健康的重要性,从而增强他们的责任感。

社会服务与公益劳动的思想政治引导:劳动教育与思想政治教育的融合还可以通过社会服务和公益劳动来实现。在社会服务中,劳动教育为学生提供了直接参与社会、服务社会的机会,而思想政治教育则通过思想引导,让学生理解自己劳动的意义。例如,组织学生参加社区环境整治活动,在劳动前进行思想政治教育的导入,解释社区环境整治对居民生活质量的影响,以及作为公民应该承担的社会责任。通过这种方式,学生能够在劳动中体会到个人与社会的紧密联系,从而增强集体意识和奉献精神。

利用思想政治教育中的典型案例进行劳动激励:在劳动教育中,可以通过思想政治教育中的典型案例对学生进行激励。例如,通过讲述劳动模范、先进工匠的事迹,激发学生的劳动热情和对劳动的敬畏之情。

3. 劳动教育与思想政治教育融合的教育效果

劳动教育与思想政治教育的有机融合,能够有效促进学生思想与行动的统一,增强教育的实效性。通过在劳动实践中融入思想政治教育,学生不仅能够掌握实际的劳动技能,还能在实践中形成正确的思想认识。这样的融合使学生不仅在行动上参与劳动,更在思想上深刻理解劳动的价值和社会意义。

首先,劳动教育与思想政治教育的融合可以增强学生的社会责任感。通过劳动实践,学生在参与真实劳动任务时,不仅仅能够学会完成具体的工作,还能够通过这些劳动任务理解劳动对社会的积极贡献。通过将思想政治教育内容融入劳动任务,教师可以帮助学生更深刻地意识到劳动与社会发展之间的关系,理解个人劳动对社会整体的贡献和影响。例如,学生在参与社区服务、环境保护等劳动活动中,会意识到自己的劳动不仅仅是个人的任务,还承载着改善社会和环境的责任感。这种责任感能够促使学生更加积极地投身于各类社会服务活动,增强他们对社会的认同感与归属感。

其次,劳动教育与思想政治教育的融合能够帮助学生形成正确的劳动价值观。通过在劳动教育中加入思想政治引导,学生可以认识到劳动不仅是生存的手段,更是一种崇高的社会活动。教师可以在实际劳动中引导学生认识到劳动者的价值和劳动的社会意义,从而形成尊重劳动、热爱劳动的正确观念。这样的教育方式能够打破一些学生对劳动的偏见,使他们理解劳动的高尚性,并认识到劳动不仅仅是个体谋生的工具,也是实现个人价值和为社会做贡献的重要途径。

最后，劳动教育与思想政治教育的融合能够培养学生的艰苦奋斗和创新精神。劳动教育与思政教育的融合还有助于培养学生的艰苦奋斗精神和创新精神。在劳动中，学生往往会遇到困难和挑战，通过思想政治引导，学生可以认识到艰苦奋斗是成功的重要途径，从而培养不怕吃苦的精神。同时，思想政治教育中的创新精神引导可以鼓励学生在劳动过程中不断探索、积极创新。

4. 劳动教育与思想政治教育融合的挑战与对策

在实际的教育实践中，将劳动教育与思想政治教育有效融合还面临一些挑战，如思想政治内容的融入方式、学生的接受度等。针对这些挑战，教师需要采取有效的对策以确保教育融合的效果。

思想政治融入的自然性与学生的接受度：思想政治内容需要自然融入劳动教育的实践环节，而非生硬地说教。教师在劳动教育中引入思想政治教育时，应该结合劳动任务和学生的实际情况，使思想政治内容与劳动实践紧密关联，以提高学生的接受度。例如，在食品生产的劳动任务中，教师可以结合食品安全的话题引入社会责任的内容，使学生在实践中自然地接受思想教育。

提高教师的思想政治与劳动教育融合能力：劳动教育与思想政治教育的融合对教师的综合能力提出了较高要求，教师不仅要具备劳动教育的专业知识，还需要掌握思想政治教育的理念和方法。因此，学校应加强对教师的培训，提升教师在劳动教育与思想政治教育融合方面的能力。例如，组织教师参加劳动教育与思想政治教育的相关培训，学习如何在劳动实践中有效进行思想政治引导，提升教育融合的效果。

多样化的融合形式：为了增强学生的兴趣和参与度，劳动教育与思想政治教育的融合形式应当多样化。例如，通过项目式学习、案例分析、社会实践等多种形式，将劳动与思想政治内容结合起来，激发学生的参与热情。在劳动教育中，教师可以通过设置任务竞赛、展示劳动成果等方式，将思想政治教育内容融入学生的劳动体验中，增强学生的参与感和认同感。

劳动教育与思想政治教育的融合是新时代教育的重要发展方向，通过融合可以实现学生实践能力与思想认识的双重提升。劳动教育中的思想政治引导有助于学生在劳动中理解劳动的意义，增强社会责任感和劳动精神，同时思想政治教育也为劳动实践注入了思想动力，提升劳动教育的思想深度。在实际教育中，教师需要通过劳动任务的思想政治引导、劳动后的反思与讨论、社会服务活动的思想政治渗透等途径，实现劳动教育与思想政治教育的有机结合，使学生在劳动中实现思想的升华和人格的完善。

2.3.3 劳动教育在职业道德养成中的作用

劳动教育不仅是培养学生劳动技能和实践能力的重要途径，更在职业道德养成中起到重要的基础性作用。职业道德是学生在未来职业生涯中必须具备的核心素养，包括敬业精神、诚实守信、责任意识、团队合作精神等。通过劳动教育，学生能够在实践中逐渐形成职业道德观念，养成良好的职业行为习惯，进而成为社会所需的高素质职业人才。

1. 劳动教育与职业道德的内涵

职业道德是指在职业活动中应遵循的道德规范和行为准则，体现了个体在职业中的行为准则和价值取向。劳动教育通过动手实践、集体协作、社会服务等多种形式，为学生的职业道德养成提供了实践平台，帮助他们在劳动中理解职业道德的具体内涵。

敬业精神：敬业精神是职业道德的核心内容之一，是指对所从事职业的热爱和对工作的责任感。劳动教育通过真实的劳动实践，使学生能够体会到劳动的价值和意义，逐渐养成对工作的尊重和热爱。学生通过多次的实践任务，体会到技术工作的严谨和精细，逐渐形成精益求精的工作态度和敬业精神。

诚实守信：诚实守信是职业道德的重要方面，是指在职业活动中遵循诚实、公正和信守承诺的行为规范。劳动教育中的任务分配和劳动成果评定有助于学生形成诚实守信的行为习惯。

责任意识：责任意识是指在工作中承担责任和履行职责的态度。劳动教育中的实际操作和劳动任务要求学生对自己的工作负责，逐步培养他们的责任感。

团队合作精神：团队合作精神是现代职业活动中必不可少的职业道德内容之一。劳动教育中的集体劳动和协作任务为学生提供了培养团队合作精神的机会。在有些任务中，学生需要分工协作，互相配合完成任务，通过这种集体劳动，学生能够体会到团队合作的价值，学会与他人有效沟通和协作，逐渐形成团队合作精神。

2. 劳动教育在职业道德养成中的实践路径

劳动教育在职业道德养成中具有重要作用，它为学生提供了实践性的教育场景，使他们能够在实际劳动中体验和内化职业道德的基本原则与要求。为了有效地促进学生职业道德的养成，教师需要在劳动教育的设计与实施中有意识地融入职业道德教育内容，并通过多种途径引导学生在劳动中形成良好的职业道德习惯。

首先，通过实际劳动任务培养学生的敬业精神。在劳动教育中，教师可以设计具有挑战性的劳动任务，要求学生在实际操作中不断探索和克服困难。这种任务不仅能增强学生的专业技能，还能让他们体会到完成工作的责任感和成就感，进而促使他们认识到敬业精神的重要性。通过反复实践，学生逐渐理解敬业不仅意味着对工作的投入，更体现了对自我责任的坚持和对劳动结果的严谨态度。教师可以通过设定逐步递增的任务难度，鼓励学生坚持不懈，锻炼他们在面对复杂工作任务时的专注力与耐心，从而培养学生的敬业精神。

其次，在劳动过程中强调诚信与规范，帮助学生养成诚实守信的职业习惯。劳动实践为学生提供了遵守操作规程和职业规范的真实场景，教师可以通过详细讲解和严格执行这些操作规范，让学生深刻认识到职业诚信的重要性。比如，在具体的劳动项目中，学生需要按照既定的规程完成任务，任何对规程的忽视或偷工减料都会直接影响劳动的成果和质量。通过这种方式，学生能够认识到职业诚信不仅是对自己的要求，也是对他人和社会的责任。这种实践中的道德要求能够帮助学生在未来的职业生涯中形成遵守职业规范、诚实守信的职业道德习惯。

责任意识则可以通过结合劳动反思的方式加以强化。劳动任务完成后，教师应组织学生进行集体或个人的反思活动，要求学生回顾并总结整个劳动过程。在反思中，学生不仅要检视自己的劳动成果，还要思考自己在劳动中的角色和责任，认识到劳动不仅是对技能的展示，更是对工作、团队和社会负责。通过这样的反思活动，学生可以清晰地认识到自己在劳动中的责任，逐渐养成认真履行职责的习惯。此外，反思活动还可以帮助学生理解职业道德的长远影响，强化他们的职业责任感。

团队劳动任务也是培养合作精神的有效途径。在劳动教育中，团队合作往往是完成复杂劳动任务的关键。教师可以通过设计团队项目，要求学生在小组中分工合作，完成集体劳动任务。通过这种合作性任务，学生不仅要完成自己的部分，还要与他人协调、沟通，以确保任务的顺利进行。在这一过程中，学生能够感受到合作精神的价值，认识到职业道德中的团队责任和协作意识。团队劳动项目不仅帮助学生体验到个人劳动与集体劳动的关系，还通过实际的合作经历让他们理解在未来职业中，如何与他人有效合作以达成共同目标。

总之，劳动教育在职业道德养成中具有独特的实践优势。通过设定实际劳动任务培养敬业精神，强调劳动过程中的诚信与规范，结合反思活动增强责任意识，以及通过团队任务培养合作精神，劳动教育能够为学生提供全方位的职业道德教育，使他们在劳动中逐渐形成正确的职业道德观念和习惯。这种基于实践的职业道德养成路径不仅能帮助学生提升职业素养，也为他们未来进入职场奠定了坚实的道德基础。

3. 劳动教育在职业道德养成中的优势与挑战

劳动教育在职业道德养成中具有独特的优势，但在实际实施中也面临一定的挑战，需要教师和学校采取针对性的对策。

通过实际劳动促进道德养成：劳动教育中，学生通过亲身参与劳动，能够在劳动的具体情境中感受到职业道德的内涵，这种实践性的体验比单纯的课堂教学更具说服力和影响力。

在劳动中内化职业道德规范：通过劳动，学生能够将职业道德规范内化为自身的行为习惯。在多次重复劳动中，学生逐渐习得并内化职业道德，如敬业、诚信、责任感和团队合作精神。

劳动教育在职业道德养成中的挑战与对策如下：

学生对劳动的态度不够积极：部分学生可能对劳动的意义认识不足，导致对劳动教育的参与度不高。对此，教师应通过思想政治教育与劳动教育结合，帮助学生理解劳动的价值与职业道德的重要性，激发他们对劳动的热情。

劳动教育与职业道德的融入不足：在实际劳动教育中，有些教师可能更关注劳动技能的传授，而忽视职业道德的养成。对此，学校应加强对教师的培训，帮助他们掌握在劳动教育中融入职业道德的策略与方法，使劳动教育不仅是技能教育，也是道德教育。

劳动教育在职业道德养成中具有重要作用，通过实际劳动，学生能够体会到职业道德的内涵，逐渐养成良好的职业行为习惯。劳动教育通过培养敬业精神、诚信意识、责任感和团队合作精神，帮助学生形成职业道德素养，成为社会所需的高素质职业人才。通过实际劳动任务、反思与讨论、团队合作等多种途径，教师可以在劳动教育中有效地培养学生的职业道德，使他们在未来的职业生涯中具备良好的职业操守与职业素养。

2.4 劳动教育与现代职业教育理论

2.4.1 职业教育与劳动教育的共生关系

职业教育与劳动教育在本质上具有密切联系，二者相辅相成，具有共生关系。职业教育旨在通过培养学生的专业技能、职业素养，使其能够胜任未来的职业岗位，而劳动教育则通过实际劳动实践培养学生的劳动能力、劳动价值观和社会责任感。职业教育与劳动教育相互融合，共同推动学生的全面发展，帮助他们在未来职业生涯中具备扎实的技能基础和正确的劳动观。

1. 职业教育与劳动教育的内涵及其相互联系

职业教育和劳动教育在现代教育体系中分别具有独特的目标和内容，二者的共生关系主要体现在它们对学生职业技能和劳动价值观的综合培养上。

职业教育的内涵：职业教育是一种以职业能力培养为核心的教育类型，主要目标是通过教学和实训，使学生具备专业知识、技能和职业素养，为未来职业生涯做好准备。职业教育课程通常以实践为导向，结合企业需求设计，涵盖专业理论学习和实际技能训练两个方面。

劳动教育的内涵：劳动教育是一种通过劳动实践培养学生劳动能力、劳动精神和劳动价值观的教育活动，重在帮助学生树立正确的劳动观，培养学生的责任意识和合作精神。劳动教育不仅是技能训练，还包括对学生劳动态度和劳动品质的培养，使其认识到劳动的价值和劳动在社会发展中的重要作用。

职业教育与劳动教育的相互联系：职业教育和劳动教育在教学内容、教育形式和培养目标上具有高度的契合性。职业教育的课程设计中包含大量的实训和操作环节，这些实践活动本质上属于劳动教育的范畴。劳动教育通过劳动实践帮助学生掌握职业技能，职业教育则在劳动教育中融入对职业素养和职业道德的培养，二者在课程内容上相互渗透，共同促进学生职业能力和劳动精神的提升。

2. 职业教育与劳动教育的共生作用

职业教育与劳动教育的共生关系体现在二者对学生职业能力和综合素质的共同培养上。通过将职业教育和劳动教育结合，学生不仅能够掌握专业知识和技能，还能养成正确的劳动观、职业道德和社会责任感。

职业技能的培养与劳动精神的塑造：职业教育强调学生掌握特定职业所需的专业技能，而劳动教育则通过劳动实践塑造学生的劳动精神，培养他们热爱劳动、积极工作的态度。学生通过劳动教育既能掌握操作技能，又在这一过程中养成了坚持不懈、精益求精的劳动精神。职业技能与劳动精神的结合能够增强学生在未来职场中的竞争力，使其在具备技术能力的同时，保持对劳动的尊重和热情。

职业素养与职业道德的共同提升：职业教育中的职业素养培养与劳动教育中的劳动价值观教育相辅相成，共同提升学生的职业道德。学生需要严格遵守生产流程、确保生产安全，这种职业素养的培养需要通过劳动教育中的实践活动来实现。劳动教育帮助学生在劳动实践中理解职业规范的重要性，增强他们的责任感和职业道德意识。

动手能力与创新能力的共同培养：职业教育和劳动教育都强调实践与动手能力的培养，职业教育中的实训活动与劳动教育中的劳动任务相结合，有助于学生在实践中掌握技能，培养创新能力。职业教育注重加强学生对知识与技能的掌握与熟练，而劳动教育则通过实际的操作与反思，鼓励学生发现问题并提出改进方案，从而培养他们的创新能力。

3. 职业教育与劳动教育共生关系的实现途径

在教育实践中，职业教育与劳动教育的共生关系能够通过科学的课程设计和多样化的教学方式得以有效实现。通过将职业教育中的专业技能培训与劳动教育中的实践活动有机结合，学生不仅能够掌握扎实的职业技能，还能养成良好的劳动精神和职业素养，从而实现教育的双重效果。职业教育和劳动教育的共生效应，可以通过以下三种方式来实现：

（1）在职业教育课程中融入劳动教育内容是实现两者共生的关键。在职业教育课程设计中，教师可以通过增加与实际劳动相关的内容，帮助学生在学习专业技能的同时，树立正确的劳动观念。例如，在机械、电子、信息技术等职业课程中，除了技能操作训练，教师还可以引入劳动教育的内容，如劳动的责任感、职业伦理以及团队合作的价值等。这样不仅能够使学生掌握实用的职业技能，还能在过程中培养学生的敬业精神和社会责任感，让他们认识到劳动不仅是完成任务，更是对个人、团队乃至社会的贡献。这种课程设计能够让学生在学习的过程中，逐步内化劳动教育的价值观念，形成扎实的职业伦理基础。

（2）实训基地和实践项目是职业教育与劳动教育相结合的重要场所。许多职业院校都设置了实训基地或实验室，学生在这些场所中进行实际操作和实践活动。这些基地不仅是学生学习专业技能的关键场所，也是劳动教育的有效载体。在实训过程中，学生不仅要学会如何操作机器、使用工具，还要遵守劳动纪律、遵循操作规范，并且能够体验团队协作的价值和责任感。这些实践活动为学生提供了理论与实际相结合的机会，使他们在实际操作中体验劳动的艰辛与成就感，从而深化对劳动价值的认识。通过这样的实践项目，学生不仅能够提高技术技能，还能够在劳动中培养出职业精神与职业道德。

（3）校企合作也是实现职业教育与劳动教育共生的重要途径。校企合作为学生提供了进入真实工作环境的机会，使学生能够通过直接参与企业生产劳动，深入了解职业要求与劳动价值。在校企合作中，企业为学生提供了一个现实的工作场景，学生通过参与企业的工作任务，能够将在学校学习的理论知识与实际生产过程相结合，在增强职业技能的同时，培养职业责任感和劳动精神。在这种合作模式下，学生不仅能够体验到企业对劳动成果的严格要求，还能够感受到企业文化中对职业道德、责任感、合作精神等方面的要求，这为他们未来走上工作岗位打下了坚实的基础。

4. 职业教育与劳动教育共生关系的意义

职业教育与劳动教育的共生关系对于学生全面发展、职业能力提升以及社会责任感的培养具有重要意义。

提升学生的职业竞争力：通过将职业教育与劳动教育结合，学生不仅具备专业知识和技能，还能在劳动中形成良好的职业态度和劳动习惯。劳动教育所培养的敬业精神、责任意识和创新能力等职业素养，使学生在未来职场中更具竞争力和适应力。

培养学生的劳动价值观与职业道德：劳动教育与职业教育的融合有助于学生树立正确的劳动价值观，增强职业道德意识。学生在劳动实践中能够理解职业活动中的伦理和道德要求，形成诚实守信、爱岗敬业的职业道德品质。

促进学生的全面发展：职业教育与劳动教育共生关系的实现有助于学生的全面发展，既提高了其动手能力和专业技能，又在劳动实践中培养了社会责任感和团队合作精神。这种全面发展是职业教育的最终目标，也是学生在未来社会中立足的关键能力。

5. 职业教育与劳动教育共生关系的挑战与对策

在实际教育过程中，实现职业教育与劳动教育的共生关系面临一定的挑战，如教学内容的融合、教师的综合能力等。针对这些挑战，教师和学校可以采取相应的对策来确保二者的有效融合。

教学内容的融合存在难度：职业教育与劳动教育的内容存在差异，在实际教学中如何科学融合存在一定难度。对此，学校应加强职业教育课程的综合设计，通过模块化课程将专业技能培训与劳动实践结合起来。

对教师的综合能力要求高：实现职业教育与劳动教育的共生需要教师既具备专业知识和技能，又能有效开展劳动教育。因此，学校应加强对教师的培训，使其能够胜任职业教育与劳动教育的双重任务。通过参加职业教育与劳动教育的联合培训，教师可以学习到如何将劳动教育的价值观教育融入职业技能培训中，从而更好地实现教学目标。

学生对劳动教育的认知不足：部分学生可能对劳动教育的意义认识不足，导致参与劳动教育的积极性不高。对此，教师在职业教育过程中应通过理论与实践结合，帮助学生理解劳动的价值和劳动教育对职业发展的意义，增强他们的劳动意识。通过案例分析、思想引导等方式，使学生认识到劳动在社会发展中的重要性，从而激发他们的参与热情。

职业教育与劳动教育具有共生关系，二者在培养学生专业技能、职业素养和劳动精神方面相辅相成，共同促进学生的全面发展。通过在职业教育中融入劳动教育的内容，学生能够在掌握技能的同时，培养正确的劳动观和职业道德，增强社会责任感和团队合作意识。职业教育与劳动教育的共生不仅能提升学生的职业竞争力，还能帮助他们在未来的职业生涯中成为具备技术能力和劳动精神的高素质人才。在教育实践中，通过科学的课程设计、校企合作、实训基地的建设以及教师的综合培养，可以有效实现职业教育与劳动教育的融合，为学生的成长和职业发展奠定坚实基础。

2.4.2 职业能力培养中的劳动教育

职业能力培养是职业教育的核心目标，旨在帮助学生掌握职业技能，具备在职业岗位中胜任工作所需的素质和能力。劳动教育在职业能力培养中起着重要的基础性作用，它不仅通过实际劳动实践提升学生的职业技能，还在动手能力、创新意识、团队合作等方面发挥着关键作用。通过劳动教育，学生能够在实践中积累经验，增强职业素养，从而更好地满足现代职场的要求。

1. 劳动教育在职业能力培养中的作用

劳动教育在职业能力培养中具有重要作用，通过实际劳动和实践活动，能够有效提升学生的职业素养和综合竞争力。它不仅帮助学生掌握技术技能，还在职业态度、创新能力等方面进行了全方位的培养，确保他们在未来的职业生涯中具备所需的综合能力。劳动教育在职业能力培养中的作用主要体现在以下四个方面：

（1）劳动教育显著提升了学生的动手实践能力。职业能力的核心之一就是动手实践，学生在未来的工作中需要能够熟练操作设备、运用工具，解决日常工作中的实际问题。劳动教育通过设计具体的劳动任务和实践活动，让学生在真实环境中进行操作，从而培养他们的实践技能。通过反复的动手操作，学生不仅能够更熟练地掌握技术流程，还能在实践中发现问题并加以改进。这种实践经验积累有助于学生在面对实际工作任务时更加得心应手，具备应对复杂任务的能力。

（2）劳动教育能够有效增强学生的问题解决能力。在职业岗位中，工作环境常常充满不确定性，要求劳动者能够灵活应对和解决问题。劳动教育通过提供真实的劳动任务，要求学生在复杂的劳动场景中进行操作和调整，这种实践过程让学生学会分析问题、制定解决方案，并在实践中验证和改进。学生在处理实际问题时，逐渐形成了系统的思维方式，能够将课堂上学到的理论知识运用到具体的劳动实践中。通过这种解决问题的过程，学生的分析能力、判断能力和应变能力得到了锻炼和提升。

（3）劳动教育不仅仅是职业技能的培养过程，更是职业素养的塑造路径。通过劳动教育，学生能够逐步体会到劳动的价值，并在劳动中形成积极的职业态度。敬业精神、责任意识、团队合作精神等职业素养，都是通过参与劳动活动而逐步内化的。在实际劳动中，学生不仅要完成个人任务，还需要与团队成员进行合作，这种集体劳动的过程能够帮助他们理解协作的意义和责任的分担。劳动教育通过真实的劳动情境，帮助学生逐渐养成对工作的热爱之情和对职业的责任感，这些都是职业生涯中不可或缺的素质。

（4）劳动教育还在激发学生的创新意识与创造性方面发挥了重要作用。现代职业环境要求劳动者具备一定的创新能力，能够在工作中不断优化劳动过程、提出新的工作方法。劳动教育中的动手实践不仅让学生掌握了现有的操作技能，还为他们提供了创造性解决问题的机会。在实践中，学生能够根据具体的劳动任务提出改进意见，探索更加高效的劳动方法。这种自由探索和实践的过程，培养了学生的创新思维和敢于尝试的探索精神。这种能力在现代职业场景中尤为重要，因为许多行业都需要不断创新以保持竞争力。

2. 劳动教育在职业能力培养中的优势与挑战

劳动教育在职业能力培养中具有独特的优势，但在实际操作中也面临一些挑战，需要教师和学校采取有效的对策，以确保劳动教育在职业能力培养中的实效性。

（1）优势。

动手实践与职业技能的直接联系：劳动教育通过实际劳动活动，将动手实践与职业技能直接联系起来，使学生能够通过亲身体验掌握职业技能，这种学习方式相比纯理论教学更加有效。

职业素养的自然养成：劳动教育不仅是技能的培养，也是职业素养的塑造过程。在劳动中，学生能够体会职业责任、职业规范以及团队合作的重要性，自然养成良好的职业态度和职业道德。

（2）挑战。

教学资源与实践场地不足：劳动教育需要丰富的实践场地和教学资源，许多学校在这一方面存在不足。对此，学校可以通过与企业合作，利用企业的生产环境进行劳动教育，弥补资源不足的问题。同时，学校也可以通过模拟设备和虚拟现实技术，为学生提供实践的机会。

学生对劳动教育认识不足：部分学生对劳动教育的重要性认识不足，参与劳动实践的积极性不高。对此，教师应通过理论与实践结合，帮助学生理解劳动教育对于职业能力培养的意义，增强他们的学习动机。例如，通过成功案例的分享、职业发展的规划等方式，使学生认识劳动教育对其未来职业发展的重要性。

劳动教育在职业能力培养中具有重要作用，它通过实际劳动，不仅提升了学生的动手实践能力，还在问题解决、职业素养、团队合作和创新能力等方面发挥了关键作用。通过设置真实的劳动情境、项目式学习、校企合作和劳动反思等实践路径，教师可以有效地将劳动教育与职业能力培养结合起来，帮助学生掌握职业技能并形成良好的职业素养。在未来的职业教育中，劳动教育将继续发挥其在职业能力培养中的基础性作用，帮助学生更好地适应现代职场的需求，成为高素质的职业人才。

2.4.3 劳动教育与职业教育的关系

劳动教育与职业教育的关系密不可分，二者在目标、内容、方法等方面相互渗透和补充。职业教育是专门培养学生职业技能和职业素养的教育类型，而劳动教育则是全面培养学生劳动观念、劳动技能和劳动精神的重要手段。二者的结合不仅有助于学生职业能力的提升，还能推动学生形成正确的劳动价值观和社会责任感。随着新时代职业教育的发展，劳动教育在职业教育中的作用变得愈加重要。

1. 劳动教育是职业教育的基础

劳动教育作为一种基本教育内容，是职业教育的重要组成部分和基础环节。职业教育的核心目标是培养具有实际操作能力和职业素养的技术技能人才，而这些能力和素养的培养离不开劳动教育的支持。通过劳动教育，学生可以掌握劳动技能、增强实践能力，为职业技能的提升奠定基础。

职业教育注重实际操作和技术应用，而劳动教育为学生提供了动手操作的机会。通过参与各类实践活动，学生可以在劳动过程中逐步积累操作技能，为进一步学习专业技术打下坚实的基础。

同时，劳动教育不仅仅是对技术的传授，更是对劳动精神的培养。通过劳动，学生能够理解劳动的价值和意义，从而树立尊重劳动、热爱劳动的观念。这种劳动精神是职业教育的重要内涵，有助于学生在职业生涯中保持积极的工作态度和强烈的责任感。

2. 职业教育是劳动教育的深化与拓展

职业教育是对劳动教育的深化与专业化。在劳动教育的基础上，职业教育通过系统的知识传授和技术培训，帮助学生掌握某一领域的专业技能。职业教育不仅关注学生的劳动能力，还强调他们在专业领域的深度发展。

职业教育是在劳动教育的基础上进行的专业化训练。学生通过劳动教育学习劳动的基本方式、手段和内容后，强化自身的动手能力，丰富自身的劳动精神。获得基本的动手能力后，职业教育进一步帮助学生掌握具体行业的专业技能，在专业教育的过程中，基础的动手能力能够在学生的训练过程中发挥作用。

职业教育不仅传授专业知识和技能，还强调学生的职业素养。而职业素养的形成，离不开劳动教育的支持。通过劳动实践，学生能够在实践中养成细致、认真、负责的工作态度，这些素养是他们在未来工作中取得成功的关键因素。

3. 劳动教育与职业教育的共同目标

劳动教育与职业教育虽然在形式上有所不同，但二者的最终目标是一致的，都是为了培养全面发展的人才。新时代的高职院校教育强调学生的全面发展，不仅要求学生掌握过硬的职业技能，还要具备良好的职业素养和社会责任感。劳动教育与职业教育的有机结合正是实现这一目标的有效途径。

劳动教育注重培养学生的劳动观念、劳动能力和劳动精神，而职业教育注重学生的专业技能与职业素养。通过将二者结合，高职院校能够培养出既具备实践能力，又有职业素养和社会责任感的全面发展型人才。

劳动教育和职业教育都强调创新与实践能力的培养。通过劳动实践，学生能够在实际操作中锻炼创新思维，职业教育则进一步引导学生将创新应用于专业领域的实际工作中。这种创新与实践的结合，使学生不仅能够适应现代职业的需求，还能在职业中不断进行技术革新和优化。

4. 劳动教育与职业教育结合的实施路径

劳动教育与职业教育在实际教学中的结合体现为多样的实施路径。高职院校通过将劳动实践融入专业课程、校企合作、产教融合等方式，有效促进了劳动教育与职业教育的有机结合。

将劳动教育融入专业课程：高职院校可以通过将劳动教育的内容融入专业课程中，使学生在学习专业知识的同时，参与到实际的劳动中。

校企合作与实践基地建设：校企合作是劳动教育与职业教育结合的重要路径之一。通过与企业的合作，学校可以为学生提供实际的劳动场所，帮助学生在企业实习中掌握专业技能，并在实际工作环境中培养职业素养。实训基地的建设同样是实施劳动教育与职业教育结合的重要途径，学生可以在基地中参与劳动实践，增强动手能力和团队协作能力。

产教融合的创新模式：产教融合是现代高职院校推动劳动教育与职业教育结合的创新模式。学校与企业、产业界合作，共同制定培养方案，将劳动教育和职业教育的内容有机融合，帮助学生在真实的生产环境中提升劳动能力和专业技能。

5. 劳动教育对职业教育的促进作用

劳动教育在职业教育中起到重要的促进作用，帮助学生更好地理解专业知识和技能，并在实践中应用。通过劳动实践，学生能够更直观地理解职业教育中的理论知识，从而增强动手能力，提高学习效果。

理论与实践的结合：职业教育通常以理论学习为主，而劳动教育为学生提供了实践的机会。通过劳动实践，学生能够将课堂上学到的知识应用到实际操作中，加深对知识的理解。

动手能力的提升：劳动教育提供了大量的动手操作机会，这对于职业教育中的技术训练尤为重要。通过反复的劳动实践，学生能够熟练掌握专业技能，提升实践能力，为未来的职业生涯做好准备。

职业素养的养成：劳动教育对学生职业素养的培养有重要作用。通过参与集体劳动和团队协作，学生能够养成认真、负责、尊重他人劳动的职业态度。这些素养将帮助学生在未来的职业生涯中更好地适应工作环境。

劳动教育与职业教育相辅相成，二者的结合不仅能够提升学生的职业技能，还能帮助学生树立正确的劳动价值观和社会责任感。在新时代的高职教育中，劳动教育为职业教育提供了坚实的基础，而职业教育则深化了劳动教育的内涵。高职院校应通过多样化的教学路径，将劳动教育与职业教育有机结合，培养全面发展的高素质技术技能型人才。

第 3 章 高职院校劳动教育的现状分析

3.1 高职院校劳动教育的现状

3.1.1 高职院校劳动教育课程的开设情况

高职院校作为培养高素质技术技能人才的主要阵地,在劳动教育中具有重要作用。劳动教育课程的开设情况在很大程度上影响着学生劳动观念的形成、劳动技能的掌握以及综合素质的提升。近年来,随着国家对劳动教育的重视,高职院校逐步推进劳动教育课程的系统化与规范化,但在实际的课程设置和实施过程中仍然存在一些挑战与问题。

1. 高职院校劳动教育课程的总体情况

高职院校劳动教育课程的开设情况主要体现在课程类型、课程目标、课程内容等方面。在劳动教育中,高职院校通常将劳动技能培养与德育相结合,通过理论教学与实践教学相结合的方式,帮助学生形成正确的劳动观和劳动技能。

课程类型:高职院校的劳动教育课程通常包括独立开设的劳动教育必修课、结合专业技能的劳动实践课以及社会公益劳动等形式。一些高职院校将劳动教育作为德育的重要组成部分,以必修课的形式列入课程体系,确保每位学生都能够系统接受劳动教育。此外,部分学校结合专业特色,通过专业技能课程中的劳动实践环节,加强学生对实际劳动的体验。

课程目标:劳动教育课程的目标主要包括三个方面:一是帮助学生掌握基本的劳动技能,提高动手能力和实践能力;二是培养学生的劳动精神,使他们树立尊重劳动、热爱劳动的价值观;三是增强学生的责任意识和团队合作精神,使其在劳动中感受服务社会和集体的意义。

课程内容:劳动教育课程的内容通常包括理论教学和实践教学两个部分。理论教学主要涉及劳动教育的基本概念、劳动价值观、劳动法等内容,帮助学生形成对劳动的基础认知。实践教学则涵盖了劳动技能的具体操作,如机械设备的维护、环境清洁、农业劳动等,目的是通过具体的劳动任务,使学生在动手实践中体会劳动的价值。

2. 劳动教育课程的开设模式

高职院校在劳动教育课程的开设上采取了多种模式,以满足学生职业能力培养和劳动精神塑造的需要。劳动教育课程的开设模式主要包括独立设课、融合课程和校外实践活动等。

（1）独立设课：一些高职院校开设了专门的劳动教育课程，作为必修课列入学生的课程表。此类课程通常由学校的德育部门或基础教育部门负责，通过系统的教学大纲和教学计划，确保劳动教育的系统性和规范性。例如，某些高职院校设立了"马克思主义劳动观"课程，涵盖劳动的历史、劳动法的基础知识、劳动技能的实践等，帮助学生系统学习劳动教育的相关内容，还设立了"社会实践与职院服务"课程，包括学生日常的劳动实践、志愿活动等内容，培养学生以劳动为荣的精神和综合的劳动技能。

（2）融合课程：部分高职院校将劳动教育融入到专业课程中，将劳动技能的培养与专业技能学习相结合。学校将劳动教育内容融入到专业课程的实践环节中，使学生在学习的过程中，不仅掌握专业技能，还能养成动手能力和劳动精神。这种将劳动教育与专业教育相融合的模式，有助于提高学生的职业能力和劳动意识。

（3）校外实践活动：高职院校还通过组织校外的劳动实践活动，增强学生对劳动的理解和社会责任感。例如，组织学生参与社区的环境整治、乡村支教等公益劳动，通过实际劳动帮助学生增强社会服务意识和集体责任感。校外实践活动通常与社会公益相结合，为学生提供了真实的劳动环境和社会情境，使他们在劳动中理解劳动的社会价值。

3. 劳动教育课程开设中的问题与挑战

尽管高职院校在劳动教育课程的开设方面取得了一定进展，但在实际实施中仍然存在一些问题与挑战，主要体现在课程设置、资源保障和学生参与度等方面。

课程设置不够系统化：部分高职院校的劳动教育课程设置不够系统化，缺乏清晰的课程目标和规范的课程内容。一些学校的劳动教育更多地以临时性、活动性内容为主，未能形成系统的教学体系，导致劳动教育的效果不够显著。部分学校虽然开设了劳动教育课程，但其内容相对简单，缺乏与学生职业能力培养的紧密结合。

资源保障不足：劳动教育课程的有效开展需要充足的实践场地和教学资源，而一些高职院校在这方面存在不足，影响了劳动教育的质量。例如，学校的实践场地有限，不能满足全体学生的劳动实践需求，或者缺乏专业的劳动指导教师，导致劳动实践环节流于形式，未能达到预期的教学效果。

学生参与度不高：由于部分学生对劳动教育的意义认识不足，认为劳动教育是低层次的技能训练，导致他们在劳动教育中的参与积极性不高。此外，部分学生更倾向于将精力集中于专业课程的学习，对劳动教育课程缺乏兴趣和动力，从而影响了劳动教育的实施效果。

4. 改进劳动教育课程的建议

为了解决高职院校劳动教育课程中存在的问题，学校可以从以下几个方面进行改进，以提升劳动教育的实效性和学生的参与度。

对课程进行系统化设计：高职院校应加强劳动教育课程的系统化设计，明确课程目标、内容和教学方法，将劳动教育纳入整体的课程体系中。通过科学的课程大纲和标准化的教学内容，确保劳动教育的系统性和规范性。例如，学校可以制订劳动教育的教学计划，将理论知识与实践活动结合，使学生既能理解劳动的社会意义，又能掌握实际的劳动技能。

加强资源保障与实践基地建设：学校应加大对劳动教育的资源投入，建设专门的劳动实践基地，为学生提供充足的实践场地和设备。同时，应加强与企业、社区的合作，借助校企合作、校地合作的形式，扩展学生的劳动实践场所。例如，通过与农业企业、制造企业合作，设立劳动实践基地，使学生能够在真实的职业环境中接受劳动教育。

增强学生对劳动教育的认识：学校应通过宣传和教育，增强学生对劳动教育重要性的认识，使他们理解劳动不仅是体力活动，还是个人素质提升和职业发展的重要途径。通过思想引导和劳动教育相结合的方式，帮助学生树立正确的劳动观，激发他们的劳动兴趣和参与热情。例如，通过讲述劳动模范的故事、组织劳动成果展示等方式，增强学生对劳动的认同感和荣誉感。

多样化劳动教育形式：为了提高劳动教育的吸引力，学校可以丰富劳动教育的形式，例如将劳动教育与创新项目结合，让学生通过劳动实践参与到产品设计、工艺改进中；或者通过举办劳动竞赛，激发学生在劳动中的竞争意识和创造力，使劳动教育更加生动有趣。

高职院校劳动教育课程的开设情况是推动学生劳动精神养成和职业能力提升的重要因素。当前，高职院校在劳动教育课程的开设方面取得了一定进展，但在系统化设计、资源保障和学生参与度等方面仍存在一些问题。通过加强课程的系统化设计、资源保障，提升学生的认识以及多样化的教育形式，可以有效改进劳动教育的质量，确保劳动教育在培养学生综合素质和职业能力方面发挥更大的作用。劳动教育课程不仅是培养学生动手能力的重要途径，也是塑造其劳动价值观、社会责任感和职业素养的重要手段，高职院校应进一步重视并完善劳动教育课程的建设，使其成为学生全面发展的重要组成部分。

3.1.2 学生参与劳动教育的情况分析

学生参与劳动教育的情况是衡量劳动教育效果的关键因素之一。通过分析学生参与劳动教育的态度、参与程度、取得的成效及存在的问题，可以更好地了解劳动教育在高职院校中的实际作用和效果。学生的参与情况受多方面因素影响，包括学校的课程设置、教育资源保障、教师的引导以及学生自身的认知与兴趣等。对这些因素进行深入分析，有助于提升劳动教育的实效性。

1. 学生参与劳动教育的总体情况

在高职院校中，学生参与劳动教育的总体情况表现为参与态度多样化、参与程度参差不齐以及参与效果不均衡等特征。随着劳动教育在高职教育中的地位不断提升，越来越多的学生开始重视劳动教育，但仍有部分学生对劳动教育的意义认识不足，导致他们对劳动教育的参与不够积极。

参与态度：学生对劳动教育的态度呈现多样化。一部分学生对劳动教育持积极态度，他们认识到劳动教育对于技能提升和职业发展的重要性，乐于参与各种劳动实践活动，并在劳动中积极学习和探索。而另一部分学生则认为劳动教育是体力劳动，缺乏对劳动的深刻理解，导致他们在劳动教育中的参与热情较低。

参与程度：学生在劳动教育中的参与程度参差不齐。一些学生在实践活动中表现出较高的积极性，能够主动参与劳动任务，并愿意在劳动中学习和锻炼自己。而部分学生则缺乏主动性，往往仅是被动完成学校布置的劳动任务，参与程度较低，未能充分发挥劳动教育的作用。

参与效果：学生参与劳动教育的效果也因参与态度和程度的不同而有所差异。积极参与的学生通常在劳动技能、劳动精神、团队合作能力等方面都有明显提升，能够在实践中获得真实的体验与成长。而参与度较低的学生，则在劳动教育中收获有限，未能充分理解劳动的价值，职业素养和动手能力的提升也相对不足。

2. 影响学生参与劳动教育的因素

学生在劳动教育中的参与情况受到多方面因素的影响，这些因素包括学校的教育模式、教师的引导方式、学生自身的兴趣与认知等。分析这些因素有助于更好地理解学生参与劳动教育的现状，并为改进劳动教育提供依据。

课程设置与教育模式：学校劳动教育课程的设计和实施方式直接影响学生的参与度。如果课程设置内容单一、教学方式缺乏创新，学生容易产生厌倦情绪，参与积极性降低。例如，如果劳动教育只限于体力劳动、重复性操作，学生可能认为缺乏挑战和新鲜感，从而对参与失去兴趣。因此，课程设计中缺乏项目式学习、创新活动等多样化形式，是影响学生参与积极性的重要因素。

教师的引导与激励：教师在劳动教育中的引导和激励对学生的参与情况有着重要影响。教师的引导方式直接影响学生对劳动任务的理解和认同。如果教师能够通过生动的教学方法、案例分析、激励措施帮助学生理解劳动的意义，激发他们的兴趣，学生的参与度通常会更高。例如，通过讲述劳动模范的故事，强调劳动对职业发展的重要性，可以有效增强学生对劳动教育的重视程度和兴趣。

学生的兴趣与认知：学生对劳动教育的参与情况还受到个人兴趣和认知的影响。那些对动手实践有浓厚兴趣的学生，往往更愿意积极参与劳动教育活动，追求在劳动中的学习和成长。而对劳动教育的意义理解不深的学生，则可能认为劳动教育与职业发展无关，从而对劳动教育缺乏兴趣。这种认知上的偏差，导致部分学生参与劳动教育的态度消极，影响了劳动教育的效果。

3. 学生参与劳动教育的积极影响

学生参与劳动教育，尽管在具体参与程度上存在差异，但这一教育形式无疑在多个方面为学生带来了积极的影响。以下是对这些影响的详细分析：

职业技能的显著提升：劳动教育通过一系列的实践活动，为学生提供了锻炼职业技能的平台。这些活动往往涉及实际的工作流程和操作技巧，使学生在动手操作中学习和掌握各种职业技能。通过不断的实践、反思和改进，学生的职业技能水平得到了显著提升。这种技能的提升不仅有助于学生在未来的职业生涯中更好地适应和胜任工作，也增强了他们的自信心和成就感。

劳动价值观的逐步养成：劳动教育不仅仅是一种技能培训，更是一种价值观的塑造。通过参与劳动，学生能够在实践中深刻理解劳动的意义和价值。他们开始认识到劳动是创造社会财富和个人价值的重要手段，从而逐渐养成尊重劳动、热爱劳动的价值观。这种价值观的养成对于学生未来的成长和发展具有重要意义，它使学生能够更加珍惜劳动成果，更加勤奋地学习和工作。

社会责任感的增强：劳动教育还增强了学生的社会责任感。在参与劳动的过程中，学生往往能够亲身感受到自己为社会做出的贡献，这种贡献感使他们更加关注社会问题和公共事务。同时，劳动教育也让学生意识到自己是社会的一员，有责任和义务为社会做出贡献。这种社会责任感的增强有助于学生形成更加积极向上的人生态度和价值观念。

团队合作精神的培养：劳动教育中的很多活动都需要学生之间进行协作和配合。这种协作和配合不仅有助于任务的顺利完成，也让学生学会了如何与他人沟通和合作。在团队合作中，学生需要相互支持、相互信任，共同面对困难和挑战。这种团队合作精神的培养对于学生未来的学习和工作都非常重要，它使学生能够更加有效地与他人合作，共同实现目标。

4. 学生参与劳动教育中存在的问题

尽管劳动教育对学生产生了积极影响，但在学生参与劳动教育的过程中也存在一些问题，主要体现在参与态度、参与方式以及劳动教育的持久性等方面。

参与态度不积极：部分学生对劳动教育的意义认识不足，导致他们在劳动教育中的参与态度不够积极，认为劳动教育是可有可无的活动，缺乏对劳动价值的深刻理解。学生的这种态度，影响了劳动教育的效果，未能实现通过劳动教育提升学生素质的目标。

参与方式单一：一些学生在劳动教育中的参与方式较为被动，缺乏主动学习和探索的精神，往往只是按照教师的要求完成劳动任务，未能充分发挥自身的主观能动性。参与方式的单一，使学生在劳动中获得的成长和收获有限，未能形成积极的劳动态度和创新意识。

劳动教育的持久性不足：在一些高职院校，劳动教育的开展往往呈现为短期活动的形式，缺乏持续性和系统性。这种短期的劳动教育活动，难以对学生的劳动价值观和职业素养产生深远影响，导致劳动教育在学生中的长期效应不足。

5. 改进学生参与劳动教育的建议

为了改进学生参与劳动教育的情况，提高劳动教育的实效性，学校和教师可以从以下几个方面入手：

丰富劳动教育的形式与内容：学校应丰富劳动教育的形式，将劳动教育与专业教育、项目式学习结合起来，增加劳动任务的多样性和挑战性，使学生在劳动中感受到学习的乐趣和成就感。

加强劳动教育的思想引导：教师在劳动教育中应加强思想引导，帮助学生理解劳动的意义与价值，增强他们的劳动意识。通过劳动教育与思想政治教育相结合，引导学生认识到劳动不仅是技能的训练，更是职业素养和社会责任的培养。例如，通过案例分享、讨论劳动在社会发展中的作用，增强学生对劳动教育的认同感。

提高劳动教育的系统性与持续性：学校应将劳动教育纳入系统化的课程体系，确保劳动教育的持续性与规范性。通过制订科学的劳动教育教学计划，使学生在整个高职学习阶段都能持续接受劳动教育，从而逐步养成积极劳动的态度和习惯。例如，设立劳动教育的学分要求，确保学生在校期间持续参与劳动教育活动。

激励机制的引入：引入激励机制是提高学生劳动教育参与度的重要措施。学校可以通过设立劳动教育奖项、劳动实践成果展示等方式，激励学生积极参与劳动教育。例如，开展"劳动之星"评选活动，对在劳动教育中表现突出的学生进行表彰，增强他们的荣誉感和成就感。

学生参与劳动教育的情况直接影响劳动教育的实效性。通过对学生参与劳动教育的态度、程度、成效等方面的分析，可以看到，尽管劳动教育对学生的职业技能、劳动价值观、社会责任感等方面产生了积极影响，但也存在学生参与度不高、参与方式单一等问题。为此，学校和教师应通过丰富劳动教育形式、加强思想引导、提高劳动教育的系统性与持续性、引入激励机制等方式，改进学生的参与情况，使劳动教育在培养学生职业能力和综合素质方面发挥更大的作用。劳动教育不仅是动手能力的培养过程，更是塑造学生劳动精神、职业态度和社会责任的重要途径，学生的积极参与是确保教育效果的关键。

3.1.3 教师队伍与劳动教育的实施情况

在高职院校中，教师队伍是劳动教育的核心力量，教师的专业水平、教育理念和教学方式直接影响劳动教育的实施质量与效果。分析教师队伍与劳动教育的实施情况，有助于更好地理解劳动教育在高职院校中的实际运作，并为提升劳动教育的实效性提供指导。当前，随着劳动教育在高职院校中的地位日益提升，教师队伍逐渐向专业化方向发展，但在教师的数量、专业素质、劳动教育理念等方面仍然存在一些挑战。

1. 劳动教育教师队伍的构成与现状

高职院校的劳动教育教师队伍主要由专业课教师、实训教师、班主任和兼职教师组成。这些教师各自承担不同的劳动教育任务，共同推动劳动教育的实施。

专业课教师：在高职院校中，专业课教师在劳动教育中扮演着重要角色。他们不仅教授学生专业知识，还负责学生在专业领域的实训和操作。专业课教师通过将劳动教育内容融入专业课程，使学生在学习专业技能的同时培养动手能力和劳动精神。

实训教师：实训教师主要负责学生在实训基地的劳动实践，帮助学生掌握具体的职业技能。实训教师在劳动教育中起着指导和示范作用，他们通过现场教学、操作示范等方式，引导学生在实践中掌握技能并培养职业素养，强调劳动规范和安全意识，从而培养学生的动手能力和职业道德。

班主任和兼职教师：班主任和兼职教师在劳动教育中通常承担组织与管理任务。他们负责安排学生的劳动任务、组织劳动活动，并进行思想引导。班主任通过日常的教育管理，引导学生认识劳动的意义，增强学生的劳动积极性和责任感。

2. 教师在劳动教育实施中的作用

教师在劳动教育的实施中起着多重作用，包括课程设计者、指导者、思想引导者等。教师的教育理念和教学方法直接影响劳动教育的质量和学生的参与度。

课程设计者：教师作为劳动教育的课程设计者，负责根据学生的专业特点和实际需求制定劳动教育内容。劳动教育的内容是否科学合理，直接影响学生的学习体验和劳动技能的提升。

指导者与示范者：在劳动教育的实施过程中，教师是学生的指导者与示范者，负责现场教学和技能指导。教师通过示范操作、指导学生实践，帮助他们掌握职业技能，并在劳动中形成规范的职业态度和行为习惯。

思想引导者：教师在劳动教育中还承担着思想引导的任务，他们通过教育引导学生树立正确的劳动观念，理解劳动的社会价值。教师通过讲述劳动模范的故事、分析劳动的社会意义等方式，帮助学生在劳动中感悟劳动精神，形成尊重劳动、热爱劳动的价值观。

3. 教师队伍在劳动教育实施中的挑战

尽管教师队伍在劳动教育中起到了重要作用，但在实际实施过程中，在教师的数量、专业水平、劳动教育理念等方面仍面临一些挑战，影响了劳动教育的效果。

教师数量不足：劳动教育的实施需要教师进行现场指导和个性化辅导，但由于教师数量不足，部分高职院校无法为每个劳动项目配备足够的指导教师，这影响了劳动教育的实施效果。特别是在实训基地，教师人数不足导致每位教师要负责多个小组的实训，难以顾及每个学生的个性化需求，影响了学生的学习体验。

专业水平和实践能力有限：部分教师的专业水平和实践能力有限，特别是在劳动教育的具体实施中，缺乏对劳动任务的深入理解和操作示范能力，导致学生在实践中难以获得高质量的指导，从而影响了他们的学习效果。

劳动教育理念的滞后：部分教师对劳动教育的理念理解不足，认为劳动教育只是体力劳动，缺乏对其精神和思想层面的重视。这种理念上的滞后，导致劳动教育在实施过程中更多停留在技能训练层面，未能充分发挥劳动教育在培养学生劳动精神、职业道德和社会责任方面的作用。

4. 提升教师在劳动教育中所起作用的建议

为了提升劳动教育的实效性，需要在教师队伍建设方面采取相应的改进措施，从教师的数量、专业水平、教育理念等方面入手，全面提升教师在劳动教育中的作用。

增加教师数量，优化师资配置：高职院校应增加劳动教育教师的数量，特别是在实训环节，配备足够的实训指导教师，以保证每个学生都能获得充分的个性化指导。此外，学校可以通过引入企业技术专家、行业能手作为兼职教师，弥补师资力量的不足，提高劳动教育的实效性。例如，邀请企业的工程师作为兼职教师，指导学生的实践操作，将教学环节和实际工作相结合，既做到了产教融合，也提升了学生的综合能力。

提升教师专业水平与实践能力：学校应加强对劳动教育教师的专业培训，提升教师的实践能力和专业水平。通过组织教师参加专业技能培训、企业实习等方式，使教师能够掌握最新的行业知识和技能，更好地指导学生的劳动实践。

更新劳动教育理念，重视精神层面的引导：教师在劳动教育中应树立科学的劳动教育理念，认识劳动教育不仅是对技能的培养，更是对思想和精神的塑造。学校应通过教师培训、劳动教育理念的宣讲等方式，帮助教师更新教育观念，传授多样化的教学方式，增强劳动教育的趣味性和挑战性，重视对学生劳动精神、职业道德和社会责任感的培养。

多样化教学方式，提升劳动教育效果：教师在劳动教育中应采用项目式学习、竞赛式劳动等方式，激发学生的参与兴趣和劳动热情。在无人机技术课程中，教师可以通过设置飞行任务竞赛的方式，让学生在竞赛中体验劳动的乐趣和成就感，从而提升劳动教育的效果。

教师队伍在劳动教育的实施中起着核心作用，教师的专业水平、教育理念和教学方式直接影响着劳动教育的质量与实效性。尽管教师队伍在劳动教育中发挥了重要作用，但仍面临教师数量不足、专业水平有限、劳动教育理念滞后等挑战。通过增加教师数量、提升教师专业水平、更新教育理念、采用多样化教学方式等措施，可以有效改进教师在劳动教育中的作用，确保劳动教育在培养学生职业能力、劳动精神和社会责任感方面发挥更大的作用。劳动教育不仅是技能培养的重要环节，更是塑造学生职业素养和社会价值观的重要途径，教师作为劳动教育的核心力量，需要不断提升自身素质和教育能力，以推动劳动教育的全面实施和发展。

3.2 劳动教育在高职院校中的现有问题

3.2.1 教育目标不明确

劳动教育在高职院校中具有重要的育人价值，但在实际实施过程中，教育目标不明确是劳动教育效果不理想的主要问题之一。教育目标不明确主要表现为劳动教育的定位模糊、课程内容和实施目标缺乏系统化，以及未能将劳动教育与职业教育的其他方面有机融合。这些问题导致劳动教育在培养学生的劳动能力、职业素养和社会责任方面的效果未能充分得以发挥。

1. 劳动教育定位不清晰

高职院校的劳动教育往往缺乏明确的定位，难以在职业教育体系中找到自己的独特位置。一些学校把劳动教育简单理解为体力劳动的训练，未能充分认识劳动教育在培养学生劳动精神、职业态度和社会责任感方面的综合作用。因此，劳动教育的实施流于形式，更多的是为了完成任务而开展的劳动活动，而不是以明确的教育目标为导向。

与德育、职业素养教育的衔接不充分：劳动教育在目标设定上，常常与德育、职业素养教育等其他教育环节脱节。虽然劳动教育与这些教育内容具有紧密的联系，但由于缺乏系统的教育目标，导致劳动教育无法与德育有机融合，难以有效提升学生的职业道德、敬业精神和劳动价值观。劳动教育的任务往往仅限于操作技能的培养，而未能结合职业素养和社会责任感的教育，使劳动教育的目标过于单一。

忽视劳动教育的思想育人功能：部分高职院校对劳动教育的思想育人功能重视不足，未能将劳动教育与培养学生正确的劳动观、社会责任感结合起来。在教育目标的设定上，更多强调劳动技能的掌握，而忽视了劳动教育对精神层面的培养。这样一来，学生在劳动中未能感受到劳动的意义和价值，仅仅把劳动看作体力付出，导致劳动教育的思想引领作用未能有效发挥。

2. 劳动教育内容与目标缺乏系统性

劳动教育目标不明确的另一个表现是课程内容和教学目标缺乏系统性和具体化。劳动教育课程设置不合理，目标不明确，导致教学内容的设计随意性较大，缺乏系统的规划。

课程目标泛化：劳动教育课程目标往往过于泛化，缺乏具体、可操作的教学指标。例如，很多高职院校在劳动教育中设定的目标是"培养学生的劳动能力和劳动精神"，但并未对"劳动能力"具体指哪些技能、如何实现以及如何考核进行明确说明。这种目标泛化的情况，使教师在实际教学中缺乏具体的方向和标准，难以有效落实劳动教育的各项要求。

缺乏与学生专业发展的结合：劳动教育目标与学生专业发展目标之间的结合不够紧密，导致学生难以认识劳动教育与未来职业发展的关系。学生在参与劳动实践时，未能清晰了解这项劳动与未来职业岗位的具体联系，使他们对劳动教育的意义认识模糊，进而影响了参与积极性和学习动力。因此，劳动教育需要明确其在职业能力培养中的角色，并将目标细化到与学生专业发展相结合的具体任务中。

3. 劳动教育实施中的教育目标偏差

在劳动教育的实施中，由于教育目标的模糊，教师和学生对劳动教育的理解产生偏差，导致劳动教育的实施效果受到影响。

教师对教育目标的理解不一致：由于劳动教育目标不明确，教师在实施劳动教育时，对教育目标的理解存在差异。一些教师将劳动教育单纯地理解为劳动技能训练，而忽视了职业素养、职业态度和社会责任感的培养。这种目标偏差，导致劳动教育实施的重点集中于具体的操作技能，而对劳动背后的价值观教育关注不够。

学生对劳动教育的理解偏差：教育目标不明确也影响了学生对劳动教育的认识。部分学生认为劳动教育仅仅是重复性的体力活动，无法对其职业发展产生帮助，导致他们在劳动教育中的参与积极性不高，未能在劳动中体验到成就感和成长感。这种对劳动教育的理解偏差，限制了学生在劳动教育中的收获和成长。

4. 改进劳动教育目标设定的建议

为了提高劳动教育的实效性，高职院校需要明确劳动教育的目标，将劳动教育的技能培养与思想育人、职业素养的提升有机结合起来，使劳动教育成为培养学生全面素质的重要环节。

明确劳动教育的综合育人目标：学校应明确劳动教育的综合育人目标，不仅包括劳动技能的培养，还应涵盖劳动精神、职业态度、社会责任感的塑造。劳动教育的目标应当从知识、技能、态度和价值观等多维度进行具体化，确保劳动教育能够在不同层面发挥育人作用。

将劳动教育目标与专业发展结合：劳动教育的目标应与学生的专业发展目标紧密结合，使学生认识到劳动教育在职业能力培养中的重要性。学校可以在不同专业中设置针对性劳动教育目标，帮助学生在劳动中掌握与专业相关的技能，并在实践中理解职业规范。

细化教育目标，制定可操作的考核标准：学校应对劳动教育的目标进行细化和具体化，制定可操作的考核标准，以确保劳动教育的实施效果。学校可以设定明确的目标，如"掌握相对应的基本技能，能够独立完成数据分析，并提出改进建议"，并制定相应的考核标准，如"通过实际操作考核学生的数据采集能力"，以确保学生在劳动中达到预期的学习效果。

加强教师培训，统一教育目标认知：为了确保劳动教育目标的有效实施，学校应加强对教师的培训，使教师对劳动教育的目标有统一的认识。通过系统的教师培训，帮助教师理解劳动教育的综合育人功能，重视劳动精神、职业态度和社会责任感的培养。例如，开展劳动教育教学研讨会，组织教师共同讨论劳动教育目标的设定与实施，确保教师能够在劳动教育中统一方向，明确目标。

高职院校劳动教育目标不明确，是影响劳动教育效果的重要因素之一。劳动教育目标的模糊和泛化，导致课程内容缺乏系统性，实施过程中出现偏差，未能充分发挥劳动教育的育人功能。为改进劳动教育的效果，学校应明确劳动教育的综合育人目标，将劳动技能培养与思想育人相结合，制定具体可操作的目标和考核标准，并加强教师培训，确保劳动教育目标在实施过程中得到有效贯彻。劳动教育的目标应不仅限于劳动技能的培养，更应注重对学生劳动精神、职业素养和社会责任感的塑造，使劳动教育成为培养学生全面素质的重要途径。

3.2.2 实践环节不足

劳动教育的核心在于实践，通过动手操作和参与实际劳动，学生能够体会到劳动的意义，培养职业技能和劳动精神。然而，在高职院校的劳动教育实施中，实践环节不足是普遍存在的问题，从而影响了劳动教育的实效性。实践环节不足主要体现在实践机会有限、实践内容单一、指导教师不足以及缺乏多样化的实践形式等方面，这些问题导致学生无法在劳动教育中充分锻炼动手能力，未能真正体验劳动的价值。

1. 劳动教育实践环节不足的表现

实践环节不足是高职院校劳动教育中的主要问题，表现为实践时间不充足、实践内容单一、缺乏多样化的实践形式以及指导教师不足等，具体情况如下：

实践时间不充足：在高职院校的劳动教育中，实践环节往往被压缩，实践时间不够充足。由于其他专业课程的学业压力，劳动教育实践的时间往往被安排在课外时间或者集中于短期活动，导致学生缺少持续的实践机会。这种安排使学生在劳动教育中的实践体验不够深入，未能形成长期的劳动习惯和深刻的劳动体验。

实践内容单一：劳动教育实践内容的设计不够丰富，导致学生在实践中体验较为单一，缺乏创新性和挑战性。一些学校的劳动教育实践活动主要集中于校园清洁、简单的农业劳动等，未能充分结合学生的专业特点，导致学生在劳动中难以体验到与未来职业相关的技能和劳动价值。

缺乏多样化的实践形式：劳动教育的实践形式单一，主要集中在学校内部的劳动任务，缺乏校外实习、社会服务等多样化的实践活动。这使学生的劳动教育体验缺少社会真实场景，无法将劳动教育与社会实际需求紧密结合。如果能够参与到真实的工作项目中，其劳动体验和收获将远超过在校内模拟场景中的操作。

指导教师不足：劳动教育实践环节中的教师指导不足也是重要问题之一。由于师资力量有限，指导教师往往需要同时负责多个小组的实践指导，无法对每个学生进行个性化辅导，导致学生在实践过程中遇到问题时得不到及时的指导和解决方案。这种情况使部分学生在劳动实践中失去学习的方向，影响了劳动教育的效果。

2. 实践环节不足对劳动教育的影响

实践环节不足直接影响了劳动教育的实效性，使劳动教育的育人功能未能充分发挥，主要表现为以下几个方面：

动手能力和职业技能提升有限：劳动教育的实践环节不足，使学生的动手能力和职业技能无法得到充分的锻炼和提升。

劳动价值观和劳动精神培养受限：劳动教育的一个重要目标是培养学生的劳动价值观和劳动精神，但实践环节不足导致学生缺乏对劳动的深入体验，未能真正理解劳动的意义和价值。由于劳动任务的单一性和短期性，学生在劳动中难以感受到劳动的挑战和成就，劳动价值观的培养也因此受到了限制。

学生参与积极性降低：劳动教育实践环节不足、内容单一，使学生的参与积极性降低。一些学生认为劳动教育的实践内容缺乏意义，仅是体力劳动，无法对个人发展产生帮助，从而对劳动教育失去兴趣。这种情况影响了劳动教育的实施效果，也削弱了劳动教育对学生职业素养和社会责任感的培养。

3. 改善劳动教育实践环节不足的建议

为了解决劳动教育中实践环节不足的问题，高职院校应从实践机会、内容、形式以及教师指导等方面入手，增加劳动教育的实践环节，提升劳动教育的实效性。

增加实践机会与时间保障：学校应增加劳动教育的实践机会，合理安排劳动教育的时间，将劳动实践纳入正式课程中，确保学生有足够的时间参与劳动教育。例如，可以将劳动教育实践分布在学期内的各个阶段，而不仅仅集中于短期活动，使学生能够在持续的劳动中形成劳动习惯和劳动精神。此外，学校可以与企业合作，增加校外实习机会，让学生在真实的职业环境中接受劳动教育。

丰富实践内容，结合专业特点：劳动教育的实践内容应与学生的专业发展相结合，设计丰富、富有挑战性的劳动任务。劳动教育可以涵盖专业教育中的内容，使劳动教育不仅限于简单的手工操作，而是结合专业的核心技能，帮助学生在劳动中提升职业能力。

多样化实践形式，增强社会真实体验：劳动教育应采用多样化的实践形式，不仅限于校园内部的劳动，还应组织学生参加社会服务、公益活动等。通过参与社会真实的劳动任务，增强学生的社会责任感和劳动意识。此外，项目式学习、竞赛式劳动等也是增强劳动教育趣味性和挑战性的有效方式。

加强教师指导，提高实践质量：学校应增加劳动教育的指导教师数量，确保每个学生都能得到充分的个性化指导。通过引入行业专家、企业技术人员作为兼职指导教师，可以弥补劳动教育中的师资短缺问题，提高实践环节的指导质量。邀请无人机公司的工程师参与指导学生的劳动实践，帮助学生掌握最新的技术和操作规范。同时，学校应加强对劳动教育教师的培训，提升他们在实践指导中的专业能力和教育水平。

实践环节不足是高职院校劳动教育中面临的重要问题，影响了劳动教育的实效性和育人目标的实现。实践时间不足、内容单一、形式缺乏多样化以及教师指导不足等问题，使学生在劳动教育中的动手能力、劳动价值观和参与积极性都受到限制。为解决这些问题，学校应增加劳动实践的机会与时间保障，丰富实践内容，结合专业特点，采用多样化的实践形式，增强社会真实体验，同时加强教师指导，提高劳动教育的实践质量。通过这些改进措施，劳动教育可以更好地发挥其在职业技能培养、劳动精神塑造和社会责任感培养中的作用，帮助学生成为具备扎实技能和良好职业素养的高素质劳动者。

3.2.3 资源投入与保障不足

高职院校劳动教育的有效实施离不开充足的资源投入与保障。然而，目前很多高职院校在劳动教育方面的资源投入不足，缺乏必要的物质保障和环境支持，影响了劳动教育的质量和实效性。资源投入与保障不足主要体现在实践场地有限、设施设备短缺、师资力量不足以及资金支持不到位等方面，这些问题严重制约了劳动教育的顺利开展和育人效果的提升。

资源投入不足是高职院校劳动教育中的主要问题，表现为实践场地有限、设施设备短缺、师资力量不足以及资金支持不到位等，这些问题导致劳动教育的实施受到限制。

实践场地有限：劳动教育需要配备足够的实践场地，以供学生进行各种类型的劳动实践。然而，在很多高职院校中，劳动教育的实践场地相对有限，无法满足全体学生的实践需求。特别是涉及大型设备操作等复杂劳动项目时，场地不足的问题尤为突出。

设施设备短缺：劳动教育的有效实施还依赖于必要的设施和设备，但部分高职院校的设施设备短缺，影响了学生的实践体验和动手操作。

师资力量不足：劳动教育的实施需要专业的指导教师，但很多高职院校在师资配置上存在不足，缺少具备专业技能和实践经验的劳动教育教师。特别是在劳动任务多样化和技术含量高的项目中，师资短缺导致教师难以提供有效的个性化指导，无法满足学生在实践中的多样化需求，导致劳动教育的效果不尽理想。

资金支持不到位：劳动教育的资源投入还涉及资金支持，包括场地租赁、设备购置和维护、教师培训等方面。然而，部分高职院校在劳动教育的资金支持上不到位，导致劳动教育的资源保障无法满足教学需求。例如，学校在设备购置上缺乏足够的资金支持，导致实验室设备不足，影响学生的动手实践。此外，教师的培训经费不足，导致教师难以参加专业技能培训，影响了劳动教育的师资水平。

资源投入不足导致劳动教育的体验感差，学生无法从劳动实践中获得成就感和意义感，影响了他们的参与积极性和劳动精神的培养。由于设备陈旧、实践环境差等问题，学生对劳动教育的体验不佳，导致他们对劳动教育缺乏兴趣，未能在劳动中体验到劳动的价值和意义。

高职院校劳动教育中资源投入与保障不足，严重影响了劳动教育的实效性和育人目标的实现。实践场地有限、设施设备短缺、师资力量不足以及资金支持不到位等问题，使学生在劳动教育中的实践机会和体验受到限制，影响了他们的动手能力、职业能力和劳动精神的培养。为解决这些问题，学校应加大对劳动教育的资源投入，增加实践场地，更新设施设备，加强师资力量，提供充足的资金保障，确保劳动教育的顺利开展和育人效果。通过充分的资源投入与保障，劳动教育可以更好地培养学生的职业能力和劳动精神，使其成为具备扎实技能和社会责任感的高素质劳动者。

3.3 劳动教育改革的挑战与机遇

3.3.1 劳动教育改革的关键挑战

在高职院校的教育体系中，劳动教育作为培养学生职业技能、劳动精神和社会责任感的重要环节，面临着一系列关键挑战。劳动教育的改革在提升学生全面素质、提高职业能力和塑造劳动观念方面具有重要作用，但在实际推进中，存在多个层面的困难。劳动教育改革的关键挑战主要体现在教育理念转变、资源配置、师资队伍建设、教育目标明确性及社会认同等方面，这些问题影响了劳动教育的深化和推广。

1. 劳动教育理念转变的挑战

劳动教育改革的首要挑战在于教育理念的转变。许多高职院校在对劳动教育的理解上依然存在局限，将其简单视为体力劳动，缺乏对其育人价值的全面认识。劳动教育不仅是劳动技能的培养，更是对学生劳动精神、责任意识和职业态度的全面塑造。

传统观念束缚：长期以来，部分教育者对劳动教育的理解停留在传统的体力劳动层面，认为劳动教育只是低层次的技能训练，与专业教育相比不具备同等重要性。这种观念的局限导致劳动教育在课程设置和教学实施中缺乏应有的重视，使劳动教育在整体教育体系中处于次要地位。

对劳动精神的忽视：劳动教育改革的一个重要目标是培养学生的劳动精神，包括敬业、合作、奉献等精神，但在一些高职院校中，劳动精神的教育往往被忽视，劳动教育的实施过于注重技能训练，未能有效地将思想教育与劳动实践相结合，影响了劳动教育的综合育人效果。

2. 劳动教育资源配置的挑战

资源投入不足是制约劳动教育改革的关键因素之一。劳动教育需要配备足够的实践场地、设施设备和资金支持，但在实际操作中，这些资源往往不足，影响了劳动教育的质量和学生的实践体验。

实践场地和设备的限制：劳动教育改革需要充足的实践场地和现代化的设施设备，以支持多样化的劳动实践。然而，部分高职院校缺乏专门的实践场地和合适的设备，学生只能在有限的条件下进行实践操作，影响了劳动教育的效果。

资金支持不足：劳动教育的改革需要大量的资金投入，用于设备购置、场地维护、教师培训等方面。然而，部分学校在资金分配上优先考虑专业课程，对劳动教育的投入相对较少，导致劳动教育无法获得足够的资源支持，从而影响了教育效果。

3. 师资队伍建设的挑战

劳动教育的有效实施依赖于高素质的师资队伍，但在当前的教育改革中，劳动教育教师的专业水平和数量不足，是影响劳动教育质量的另一个关键挑战。

师资力量不足：劳动教育需要具备专业技能和实践经验的教师进行指导，但很多学校的劳动教育教师队伍数量不足，无法满足全部学生的劳动教育需求。此外，部分教师的劳动教育专业背景不强，缺乏相关技能和实践经验，影响了劳动教育的质量和指导效果。

教师教育理念滞后：一些劳动教育教师对劳动教育的理念理解不足，未能真正认识劳动教育在育人方面的重要作用，导致在教育实施中重技能、轻思想，引导学生理解劳动价值的能力不足。这种教育理念上的滞后，直接影响了劳动教育在精神层面的育人功能，未能有效帮助学生树立正确的劳动观和职业态度。

4. 教育目标明确性的挑战

在劳动教育改革中，教育目标不明确也是关键挑战之一。劳动教育的目标不仅是培养学生的劳动技能，还包括劳动精神、职业素养、社会责任感等方面的综合培养。然而，在实际实施中，部分学校的劳动教育目标模糊，缺乏具体、可操作的指导方向。

目标泛化：部分学校对劳动教育的目标设定较为泛化，例如"提高劳动技能、培养劳动精神"等，但未能对这些目标进行细化，使劳动教育在实施过程中缺乏针对性和有效性。教育目标的泛化使教师在教学过程中难以明确劳动教育的重点和方法，影响了教育质量和效果。

与专业教育的融合不够：劳动教育应与专业教育紧密结合，通过劳动实践提升学生的专业能力和职业素养。然而，部分学校的劳动教育与专业教育之间缺乏有机融合，导致劳动教育的内容和目标未能与专业发展目标协调一致，学生难以认识到劳动教育对其职业发展的重要性。

5. 社会认同的挑战

劳动教育改革的另一个关键挑战在于社会认同度不足。劳动教育的育人价值尚未得到广泛的社会认可，部分学生和家长对劳动教育的意义理解不足，认为劳动教育与学业发展、职业竞争力之间缺乏直接联系，导致劳动教育的社会支持度不高。

社会对劳动的偏见：在社会认知中，劳动往往被认为是体力付出，是"低技能、低价值"的象征，导致一些学生和家长对劳动教育的态度消极，认为劳动教育是浪费时间，无法为学生的未来职业发展带来实质性帮助。这种偏见影响了劳动教育的开展，削弱了其在学生全面素质培养中的作用。

缺乏社会支持和企业参与：劳动教育的实施需要企业和社会的支持，特别是在职业能力培养方面，企业可以为学生提供真实的劳动环境和实践机会。然而，部分企业和社会机构对劳动教育的支持力度不足，导致学生缺少真实的社会实践机会，影响了劳动教育的实效性。

6. 改进劳动教育改革的建议

为了应对劳动教育改革中的关键挑战，高职院校和相关教育部门可以从以下几个方面入手，推动劳动教育的深化和有效实施：

转变教育理念，提升劳动教育地位：学校应重视劳动教育的育人价值，通过教师培训和理念宣讲，转变教师和学生对劳动教育的看法，使其认识到劳动教育不仅是技能训练，更是职业素养和劳动精神的培养过程。通过将劳动教育纳入学校的核心教育体系，明确劳动教育与学生全面发展的关系，提升其在整体教育中的地位。

加大资源投入，保障劳动教育实施：学校应加大对劳动教育的资源投入，确保有足够的实践场地和设施设备，提供充足的资金支持。例如，通过与企业合作，引入现代化的实践设备和场地，增加学生的劳动实践机会。此外，学校可以设立劳动教育专项资金，用于设备购置、场地租赁、教师培训等方面，确保劳动教育有足够的资源保障。

加强师资队伍建设，提升教师专业水平：学校应通过引进行业专家、兼职教师等方式，增强劳动教育师资力量，确保每个学生都能获得有效的劳动指导。同时，学校应加大对劳动教育教师的培训力度，使他们能够掌握最新的劳动技能和教学方法，提高劳动教育的实效性。例如，组织劳动教育教师参加企业实践，了解行业实际需求，从而更好地指导学生的劳动实践。

明确教育目标，增强劳动教育针对性：学校应对劳动教育的目标进行细化和具体化，确保每个劳动教育活动都有明确的育人目标和可操作的教学指标。例如，在无人机技术课程中，劳动教育的目标应包括掌握无人机装调技能、培养精益求精的工作态度、理解无人机在社会中的应用等。通过制定明确的目标，教师可以有针对性地设计劳动任务，帮助学生在劳动中获得成长。

提高社会认同度，增强劳动教育的社会支持：为了提高劳动教育的社会认同度，学校应加强对劳动教育意义的宣传，帮助学生和家长认识到劳动教育对个人发展和社会进步的重要性。此外，学校应积极争取企业和社会机构的支持，增加校企合作项目，增强学生的社会实践机会。例如，邀请企业代表到校开展讲座，介绍劳动在职业发展中的重要性，以及通过实习合作为学生提供真实的劳动环境。

劳动教育改革面临着一系列关键挑战，包括教育理念转变、资源配置、师资建设、教育目标明确性和社会认同等方面。这些挑战影响了劳动教育的实施效果，使劳动教育未能充分发挥其在学生全面素质培养中的作用。为了推动劳动教育的有效实施，高职院校应通过转变教育理念、加大资源投入、加强师资建设、明确教育目标和提高社会认同度等措施，克服改革中的困难，使劳动教育成为学生全面发展和职业能力提升的重要组成部分。劳动教育不仅是技能培养的重要手段，更是塑造学生劳动精神和社会责任感的重要途径，深化劳动教育改革对于培养新时代的高素质劳动者具有重要意义。

3.3.2 新技术背景下的劳动教育机遇

在信息化、智能化等新技术迅猛发展的背景下，劳动教育面临着全新的发展机遇。新技术的应用为劳动教育的内容和形式带来了创新，提升了劳动教育的吸引力和实效性，使其能够更好地适应现代职业教育的需求。在新技术背景下，劳动教育可以通过与智能设备、数字平台等相结合，丰富劳动实践内容，提升学生的创新能力和职业素养，从而为学生的全面发展提供更加多样化的教育方式。

1. 新技术为劳动教育带来的机遇

新技术的发展为劳动教育的改革和创新提供了重要机遇，体现在提升实践效果、增强学生参与兴趣、促进职业技能提升以及实现个性化教育等方面。

智能设备的应用提升劳动实践效果：智能设备的应用使劳动教育的实践环节更加精准、高效。例如，无人机、机器人、3D打印等新兴技术设备的引入，为学生提供了更加先进的劳动工具和实践平台。这不仅增强了劳动的实用性，还使劳动教育的内容更加贴近现代职业需求，提升了劳动实践的效果。

虚拟现实和模拟技术丰富劳动体验：虚拟现实（VR）和增强现实（AR）技术的应用，为劳动教育提供了更加生动、逼真的模拟环境，丰富了学生的劳动体验。例如，在食品生产技术的课程中，利用VR技术模拟食品生产线，学生可以在虚拟环境中进行工艺流程的操作和体验，从而熟悉生产设备的运行过程。模拟技术的应用不仅使劳动教育更加安全，还减少了对实物设备的依赖，降低了实践成本。

大数据与人工智能推动个性化劳动教育：大数据和人工智能技术的应用，使劳动教育能够根据学生的学习进度和能力水平提供个性化的教学方案。例如，通过大数据分析，教师可以全面了解学生在劳动实践中的表现，找到他们的薄弱环节，并为每个学生制定针对性的劳动任务和改进方案。此外，人工智能还可以在劳动教育中为学生提供实时的学习反馈，帮助他们及时纠正操作错误，提升学习效果。

在线平台扩大劳动教育资源与实践机会：互联网和在线学习平台的普及，为劳动教育提供了更加丰富的资源和实践机会。例如，学生可以通过在线平台观看劳动技能视频教程，学习先进的操作方法，还可以通过远程协作工具参与到虚拟项目中。

为了充分利用新技术为劳动教育带来的机遇，高职院校可以通过以下路径，将新技术与劳动教育相结合，提升教育的实效性和吸引力：

引入智能化劳动设备与工具：学校应积极引入智能化设备与工具，用于劳动教育的实践环节。例如，为无人机技术课程引入无人机模拟器、智能控制系统等设备，使学生能够在实践中掌握先进的无人机操作技能。此外，学校可以购置机器人、自动化生产线等智能设备，用于食品生产、环境监测等课程的劳动教育，让学生在操作中了解现代工业的自动化技术。

利用虚拟现实技术进行沉浸式劳动体验：学校可以通过虚拟现实技术，为学生提供沉浸式的劳动教育体验。例如，在环境监测技术的劳动教育中，利用 VR 技术模拟不同自然环境中的监测任务，使学生在虚拟场景中进行水质采样、空气质量检测等操作，从而加深他们对环境监测工作的理解和体验。这种沉浸式体验不仅提高了学生的学习兴趣，还使劳动教育更加安全和多样化。

大数据支持的个性化劳动教育方案：学校可以利用大数据技术，收集学生在劳动教育中的表现数据，分析每个学生的学习特点和需求，从而为他们制定个性化的劳动教育方案。通过记录学生操作数据，分析其操作的正确性和效率，找出每个学生需要重点提升的环节，制定个性化的指导方案。这种个性化的教育模式有助于因材施教，提高劳动教育的针对性和实效性。

创建在线劳动教育平台：学校可以建设在线劳动教育平台，将劳动教育与在线学习相结合。例如，建立课程的在线学习平台，学生可以通过平台观看专业技能知识、劳动精神教育，还可以参与在线竞赛提升自身水平，从而提高学习的灵活性和自主性。

2. 新技术背景下劳动教育的机遇与挑战

尽管新技术为劳动教育带来了丰富的机遇，但在实际应用中仍面临一些挑战，包括设备成本高、师资水平不足以及学生适应性等问题。

设备成本高，资源投入压力大：智能设备、VR 系统等现代化设备的成本较高，需要学校投入大量资金进行购置和维护，这对一些资源相对有限的学校来说是一个重要的挑战。学校应积极寻求企业合作，争取社会资源支持，以降低设备购置和维护的成本，确保劳动教育的顺利开展。

教师对新技术的掌握不足：新技术的引入对劳动教育教师的专业水平提出了更高的要求，部分教师在操作智能设备、使用 VR 技术等方面缺乏经验和技能。学校应加强对教师的培训，确保他们能够掌握现代化的教育设备和技术，能够有效地将新技术融入劳动教育中，提高教育的质量和效果。

学生的适应性和学习负担：新技术在劳动教育中的应用可能增加学生的学习负担，部分学生对智能设备、虚拟技术的接受度较低，存在学习适应性问题。学校应在新技术应用初期通过专门的培训课程，帮助学生适应新技术的应用环境，降低学习难度，并通过趣味性和实践性相结合的教学方法激发学生的学习兴趣。

新技术的发展为劳动教育带来了丰富的机遇，通过智能设备、虚拟现实、大数据和在线平台等技术的应用，劳动教育的形式和内容得到了极大的丰富，提升了教育的实效性和吸引力。在新技术背景下，劳动教育可以更加贴近现代职业需求，培养学生的职业技能和创新能力。然而，新技术的应用也带来了设备成本高、师资水平不强和学生面临适应性问题等挑战，需要高职院校采取有效的措施予以解决。通过充分利用新技术，劳动教育将能够更好地服务于学生的全面发展，成为高职教育体系中不可或缺的重要组成部分。

3.3.3 劳动教育课程资源的开发与利用

劳动教育的课程资源开发与利用是确保劳动教育质量和实效性的关键所在。高职院校的劳动教育需要丰富且多样化的课程资源，以满足学生在动手实践、劳动技能培养、职业素养塑造等方面的多元需求。劳动教育课程资源不仅包括教材、设备、场地等硬件资源，还应包括数字化资源、校企合作资源、教师团队的专业能力等。有效的课程资源开发与利用能够为学生提供更加生动和富有挑战的学习体验，促进劳动教育在学生全面发展中的作用。

1. 劳动教育课程资源的类型

劳动教育课程资源可以分为硬件资源、数字化资源、校企合作资源和教师资源等多种类型，每种类型的资源在劳动教育中都发挥着重要作用。

硬件资源是劳动教育的基础保障，包括实践场地、设备工具、实验室设施等。充足的硬件资源是保证学生劳动实践和技能训练的前提。数字化资源为劳动教育提供了更加多样化的学习方式，包括数字教材、视频教程、虚拟实验平台等。例如，学生可以通过在线平台观看教学视频，通过多媒体手段完成学习任务。此外，VR/AR 技术的应用也可以为学生提供沉浸式的劳动体验，增强他们的学习兴趣和动手能力。

校企合作是劳动教育资源的重要来源，通过与企业的合作，学校能够为学生提供真实的生产环境和实践机会。学生可以参与企业的工作任务，从而获得丰富的实践经验。同时，企业专家可以作为兼职教师，为学生提供行业最新技术和操作规范的指导。教师团队是劳动教育课程资源中的重要组成部分。具备专业技能和实践经验的教师能够有效指导学生完成劳动任务，帮助他们在劳动中提升技能和职业素养。此外，教师在课程设计、项目开发等方面的专业能力，也是劳动教育课程资源开发与利用的重要支持。

2. 劳动教育课程资源的有效利用策略

开发丰富的课程资源只是劳动教育的基础，如何有效利用这些资源，最大化其育人效果，是劳动教育成功的关键。学校可以通过以下策略，确保劳动教育课程资源的有效利用。

项目式学习与跨学科融合：将劳动教育课程资源融入项目式学习中，是提升学生学习积极性和劳动教育效果的重要方式。例如，教师可以设计跨学科的综合项目，如无人机技术与环境工程的结合，要求学生利用无人机进行森林的巡检和监测任务。在这一过程中，学生不仅学习了无人机操作技能，还了解了环保知识和实际应用，丰富了劳动教育的内容。

在线学习与实践结合：学校可以通过在线学习平台，将数字化学习资源与实际劳动实践结合起来。例如，学生可以在实践前通过在线平台学习设备的操作规范和安全注意事项，然后在实验室中进行实际操作。这种在线学习与实践结合的方式，可以帮助学生提前熟悉劳动任务，提高实践中的操作效率和安全性。

分组合作与导师制：在劳动教育的实践环节中，学校可以采取分组合作与导师制的方式，充分利用校企合作资源和教师资源。例如，学生分组进行工作任务，每个小组由企业专家或学校教师担任导师，提供个性化的指导和帮助。通过导师制的方式，学生能够在实践中获得更加专业的指导和反馈，提升劳动教育的学习效果。

定期评估与资源优化：为了确保课程资源的有效利用，学校应建立劳动教育的定期评估机制，对课程资源的开发与利用情况进行反馈和优化。例如，定期组织学生和教师进行劳动教育课程的满意度调查，收集他们对设备、教材、教学方式等方面的意见，并据此改进和优化课程资源的开发与配置，确保资源能够持续满足学生的需求。

劳动教育课程资源的开发与利用，是高职院校提升劳动教育实效性的重要举措。通过校企合作、自主研发、引入新技术等途径，学校可以开发出丰富且多样化的劳动教育课程资源，为学生提供高质量的劳动实践体验。同时，学校需要通过项目式学习、在线学习结合、分组合作等策略，确保课程资源的有效利用，使劳动教育能够在培养学生职业技能、劳动精神和社会责任感方面发挥更大的作用。然而，课程资源的开发与利用仍面临资源投入不足、师资水平有限等挑战，学校和教育部门应加大对劳动教育的支持力度，确保劳动教育课程资源的充足与高效利用，使其成为高职教育中不可或缺的重要组成部分。

第 4 章 新时代高职院校劳动教育的实践探索

4.1 劳动教育课程体系的构建

4.1.1 劳动教育与专业课程的结合

劳动教育与专业课程的结合是高职院校教育改革的重要方向。通过将劳动教育与专业课程有机结合，学生不仅能在掌握专业知识的同时增强实践能力，还能在劳动实践中形成正确的劳动观念和职业精神。劳动教育与专业课程的结合旨在实现职业能力培养和劳动素养培养的双重目标，使学生在职业技能学习中同时具备动手能力、劳动精神和社会责任感。这种结合模式有助于提高学生的综合素质，增强他们在未来职业中的竞争力。

1. 劳动教育与专业课程结合的意义

劳动教育与专业课程的结合在教育领域具有深远而重要的意义，它不仅能够有效提升学生的职业技能和职业素养，还能培养学生的劳动精神和职业态度，进一步增强学生的社会责任感。

（1）提升学生的职业技能。

专业课程是学生学习专业理论知识和技术技能的主要途径。然而，理论知识的学习往往需要与实践操作相结合，才能真正转化为学生的技能储备。劳动教育通过实践操作的方式，为学生提供了一个将理论知识转化为实际技能的平台。将劳动教育融入专业课程，意味着学生在接受理论知识的传授后，能够立即进行相关的实践操作，从而加深对理论知识的理解，并在实践中不断修正和完善自己的技能。这种理论与实践相结合的方式，有助于学生在短时间内迅速提升职业技能，为将来步入职场打下坚实的基础。

（2）培养学生的劳动精神和职业态度。

劳动教育不仅仅是对学生动手能力的培养，更重要的是对劳动过程的尊重和对劳动精神的培养。将劳动教育与专业课程相结合，意味着学生在技能学习的过程中，需要经历从理论到实践、从陌生到熟练的过程。在这个过程中，学生需要付出努力、耐心和毅力，不断克服困难和挑战，从而培养出对工作的热爱和责任意识。这种劳动精神和职业态度的培养，对于学生未来的职业发展具有至关重要的作用。

（3）增强学生的社会责任感。

在专业课程中融入劳动教育，还有助于引导学生认识劳动在社会中的价值。通过参与各种劳动实践，学生能够亲身体验到劳动对于社会发展和个人成长的重要性。这种体验不仅能够让学生更加珍惜劳动成果，还能够激发他们的社会责任感和使命感。在劳动中，学生学会了与他人合作、共同完成任务，这有助于培养他们的团队协作精神和集体主义观念。同时，通过参与社会服务性劳动，学生还能够更加直观地感受到自己作为社会成员的责任和义务，从而更加积极地投身于社会建设和发展中。

劳动教育与专业课程的结合具有重要的教育意义。它不仅能够提升学生的职业技能和职业素养，还能够培养学生的劳动精神和职业态度，进一步增强学生的社会责任感。这种结合不仅符合当前教育改革的方向和趋势，也是培养新时代高素质人才的重要途径。

2. 劳动教育与专业课程结合的优势与挑战

（1）优势。

尽管劳动教育与专业课程的结合为高职教育带来了许多优势，但在实际操作中仍面临一些挑战，需要学校和教师采取有效措施予以解决。

提升学生综合素质：将劳动教育与专业课程结合，可以有效提升学生的综合素质，使他们在专业学习中同时接受劳动精神和职业态度的培养。这种结合方式使学生能够在劳动中掌握专业技能，理解劳动价值，并培养解决问题、团队合作等职业能力。

增强学生的学习兴趣和动手能力：劳动教育与专业课程的结合能够增强学生的学习兴趣和动手能力。在动手实践中，学生可以将理论知识应用于实际劳动任务中，这种实践性和趣味性的结合，激发了他们的学习兴趣。例如，通过项目式学习，学生在设计和完成劳动任务的过程中体验到成就感，从而对专业学习产生更大的兴趣。

（2）挑战。

课程设计难度大：劳动教育与专业课程的结合需要科学的课程设计，确保劳动任务既符合专业教学的目标，又能实现劳动精神的培养。这对教师的课程设计能力提出了较高的要求，特别是在项目式学习和跨学科融合的实施中，教师需要设计出既有挑战性又符合教育目标的劳动任务。

资源配置与实践环境的限制：劳动教育与专业课程的结合需要丰富的实践资源和真实的劳动环境，但部分学校在实践场地、设备设施等方面的资源相对有限，影响了结合的实施效果。例如，校企合作需要企业提供实践机会，但部分企业由于生产安全等原因，对学生的参与存在顾虑，这对劳动教育的资源配置提出了挑战。

3. 改进劳动教育与专业课程结合的建议

为了提升劳动教育与专业课程结合的实效性，高职院校需从多个维度入手，确保劳动教育能够真正融入专业课程，并发挥其应有的教育价值。

（1）科学设计劳动任务，确保教育目标的一致性。

学校应高度重视劳动任务的科学设计，确保劳动教育与专业课程的教育目标高度契合。

在课程设计阶段，教师应深入研究专业课程的教学大纲，明确课程目标、教学内容和教学要求，然后结合劳动教育的特点，设计出既符合专业课程要求又能体现劳动教育价值的劳动任务。这些任务应具有一定的挑战性，能够激发学生的学习兴趣和创造力，同时也要注重任务的可操作性和安全性，确保学生在完成任务的过程中既能学到知识又能提升技能。

（2）加强校企合作，丰富实践资源。

为了让学生能够在真实的劳动环境中学习和实践，高职院校应积极与企业建立合作关系，通过校企合作来丰富劳动教育的实践资源。学校可以与企业共同开发劳动实践项目，让学生在企业的实际生产或服务过程中进行实习实训。这种合作不仅有助于学生了解企业的运营模式和工作流程，还能让他们在实践中学习到先进的生产技术和管理经验。同时，学校还可以邀请企业专家进校园，为学生开展讲座或开设工作坊，分享他们的行业经验和劳动心得，从而进一步拓宽学生的视野和知识面。

（3）加强教师培训，提升课程实施能力。

教师在劳动教育与专业课程结合中起着至关重要的作用。因此，学校应加强对教师的培训，帮助他们掌握现代化的教学方法和劳动教育理念。培训内容可以包括劳动教育理论、课程设计方法、教学技巧等。通过培训，教师可以更好地理解劳动教育的内涵和意义，掌握科学的教学方法和手段，从而更有效地实施劳动教育与专业课程的结合。此外，学校还可以鼓励教师参加学术交流和研究活动，不断提升自己的专业素养和教学水平。

高职院校在提升劳动教育与专业课程结合的实效性方面，需要从课程设计、资源配置和教师培训等多个方面入手。通过科学设计劳动任务、加强校企合作和加强教师培训等措施，确保劳动教育在专业课程中有效融入，从而培养出更多具有创新精神和实践能力的高素质人才。劳动教育与专业课程的结合，是高职院校提升学生职业能力、劳动精神和社会责任感的重要举措。通过项目式学习、课程内容嵌入、校企合作、跨学科融合等方式，劳动教育可以有机融入专业课程中，使学生在学习技能的同时接受劳动教育的熏陶。然而，劳动教育与专业课程的结合在实施过程中面临课程设计难度大、资源配置有限等挑战。高职院校应通过科学设计课程、加强校企合作、提升教师能力等措施，确保劳动教育与专业课程有效结合，使其在学生的全面发展中发挥更大的作用。

4.1.2 劳动教育跨学科课程的设计

劳动教育跨学科课程的设计是现代高职教育中的创新尝试，旨在通过将劳动教育与多个学科相结合，培养学生的综合能力、职业素养、创新精神和社会责任感。跨学科课程通过打破传统学科边界，使学生在多学科知识和技能的综合应用中，体验到劳动的价值和意义。这种跨学科的劳动教育课程，能够帮助学生将理论与实践结合，提升解决复杂问题的能力，从而更好地适应未来职业发展的需求。

1. 劳动教育跨学科课程设计的意义

跨学科课程设计能够显著提升学生的职业素养和综合能力，具有重要的教育意义。跨学科课程的综合性和实践性，使其在职业教育中成为提升学生综合素质的重要手段，有助于学生在职业生涯中取得更好的发展。

首先，跨学科课程通过整合不同学科的知识，培养学生的知识迁移和整合能力。这种整合不仅使学生能够运用多学科的知识来分析和解决复杂问题，还增强了他们对各学科之间内在联系的理解，帮助学生更具全局性地看待问题。通过劳动实践中的多学科应用，学生能够提高解决实际问题的能力，从而更好地适应多变的职业需求。

其次，跨学科课程注重创新意识与实践能力的培养。跨学科教学不仅仅是知识的积累，更强调通过任务和项目驱动的方式，激发学生的创造力。学生在完成综合性项目时，需从不同学科角度进行思考，探索新的方法和解决方案，从而推动创新。通过跨学科的任务和项目，学生得以锻炼实际操作能力，促进理论与实践的结合。这不仅提高了学生的创新意识，也培养了他们面对复杂问题时的应对能力和执行力。

最后，跨学科课程还培养了学生的社会责任感和团队合作精神。通过跨学科的劳动教育，学生不仅能够参与与社会实际问题相关的项目，还能够深刻感受到个人劳动与社会发展的联系。这种项目制学习往往需要团队合作，学生需要在合作中学会分工协作、倾听和沟通，从而增强集体意识和社会责任感。这种课程设计有助于学生在未来的职业中具备更强的合作精神和社会责任感，成为有担当的职业人。

2. 跨学科劳动教育课程的设计原则

在设计劳动教育跨学科课程时，学校需要遵循以下几个基本原则，以确保课程能够达到综合育人的目标：

目标明确，注重能力培养：跨学科课程的设计必须明确课程的育人目标，确保劳动教育在技能、劳动精神、创新意识等方面的培养目标都得到实现。这些目标不仅涵盖技能培养，如动手能力、技术操作等，还应强调劳动精神的培养，包括敬业精神、团队合作、责任感等，同时激发学生的创新意识，培养他们的创新思维和解决问题的能力。这意味着，课程不仅要注重知识的传授，更要关注学生情感、态度和价值观的塑造。

内容融合，体现多学科性：跨学科课程的内容设计应体现不同学科的深度融合，并整合各学科之间的内在联系，通过设计综合性的劳动任务，将各学科的知识有机结合。这些任务应具有挑战性，能够激发学生的求知欲和探索精神，要求他们运用多学科的知识和技能来解决问题。同时，课程内容应注重理论与实践的结合，让学生在实践中学习和运用知识，通过实践来深化对理论的理解，并培养其解决实际问题的能力。

实践导向，注重动手能力：跨学科课程应以实践为导向，确保学生在劳动中能够动手操作，应用所学知识。劳动教育的本质在于实践，跨学科课程应提供丰富的实践机会，例如通过项目式学习、实验操作等方式，让学生在劳动中不断探索和反思。

多样化的评价机制：劳动教育跨学科课程的评价应综合考虑学生在劳动技能、知识应用、团队合作和创新能力等方面的表现，采用多样化的评价方式。例如，通过学生的项目成果展示、劳动过程中的团队协作表现、反思报告等多维度对学生进行评价，确保评价能够全面反映学生在劳动中的成长和进步。

3. 劳动教育跨学科课程设计的优势与挑战

劳动教育跨学科课程设计虽然有许多优势，但在实际操作中也面临一定的挑战，需要学校采取措施来应对和克服。

提升学生的综合能力：通过跨学科的劳动项目，学生能够在实践中学习和整合多学科的知识，提升综合能力。

激发学习兴趣和创造性：跨学科的劳动项目往往涉及复杂的真实问题，这种问题导向的学习方式能够激发学生的兴趣，鼓励他们在劳动中创新和探索。

课程设计复杂度高：跨学科课程的设计需要将不同学科的内容有机结合，确保每个劳动项目都能够实现多学科知识的应用和能力培养，这对教师的课程设计能力提出了较高的要求。

师资团队和资源需求大：跨学科课程的实施需要具备多学科背景的教师团队，以及充足的实践资源。

劳动教育跨学科课程的设计，是高职院校提升学生职业能力、创新意识和社会责任感的重要举措。通过项目式学习、真实情境结合、校企合作和现代信息技术的应用，劳动教育可以有效融入到多学科知识的综合应用中，使学生在劳动中得到全面的发展。然而，跨学科课程的设计和实施也面临课程设计复杂、资源需求大的挑战，高职院校应通过科学的课程规划、加强师资培训和加大资源投入等措施，确保跨学科劳动教育的有效实施，使其在全面培养学生素质的过程中发挥更大的作用。

4.1.3 校企合作中的劳动教育实施

校企合作是高职院校劳动教育中非常重要的一环，通过校企合作，高职院校可以为学生提供真实的劳动环境和实践机会，帮助他们在劳动中掌握专业技能，理解职业素养，并培养创新精神和社会责任感。校企合作中的劳动教育实施，不仅有助于解决学校实践资源不足的问题，还能够让学生了解行业前沿，增强他们的就业竞争力。将劳动教育与企业的生产实践相结合，是现代职业教育有效对接社会和行业需求的重要方式。

随着产业结构的不断优化升级，各行各业对复合型人才的需求愈加迫切。劳动教育能够为学生的生产实践和创新创业提供科学引导，培养其在劳动中发现并解决问题的能力。在产教融合的大背景下，校企共同推动劳动教育，已成为教育实践中的重点与研究热点。

高职院校应将劳动教育纳入全面育人体系，围绕产业需求导向，创新高质量人才培养模式，深化校企合作，培养出更多能够适应产业发展需求的优质人才。

高职院校和企业应在政府的指导下，优化协同育人的顶层设计，结合区域经济与劳动教育课程标准，明确育人目标，为培养综合素质优秀、实践能力突出的技能型人才提供支持。在此基础上，构建涵盖劳动精神、职业技能、行业发展需求等方面的课程体系，深化课程内容。通过产教融合，高职院校与企业可以利用大数据、云计算等技术，实时追踪行业趋势和劳动力需求方向，不断更新专业劳动知识和技能，确保人才培养的标准与市场需求紧密契合。同时，依托区域优势产业，协同育人，助力现代产业的转型升级。

高职院校应在劳动教育中起到引导作用，着重培养学生的专业素养与实践技能，以适应时代发展。在校内外协作和社会多方参与下，高效推进劳动教育。通过签订校企合作协议、开展志愿服务等形式，为学生提供高质量、安全的实践机会，助其将理论知识有效应用于实际工作。与此同时，高职院校与企业要共同建设高标准的实践基地，开发涵盖整个产业链的劳动教育实践课程。通过提供稳定的工作环境与专业的实践指导，激发学生的劳动热情，提升其综合素质与社会责任感。

高职院校和企业应从一线教师中挑选理论基础扎实、实践经验丰富的教师，结合理论和实践教学，帮助学生全面发展，为其职业生涯发展打下坚实基础。同时，教师也需要不断提高自身的实践技能和知识水平。高职院校应鼓励劳动教育教师定期深入行业一线，参与劳动实践，了解最新的产业技术和规范；企业则应为员工提供学习平台，帮助其提升职业技能和职称，增强其在企业及行业中的影响力，激发劳动者的学习动力和职业发展热情。

1. 校企合作中的劳动教育实施意义

在校企合作中实施劳动教育具有重要的教育和社会意义，体现在以下几个方面：通过与企业合作，学校可以为学生提供真实的生产和工作环境，使学生能够在企业中完成劳动任务，体验实际职业中的劳动强度和劳动要求，使他们能够将课堂上的理论知识应用于真实的生产环境中，增加对职业的适应性。

提升学生的职业技能与实践能力：校企合作中的劳动教育使学生有机会接触企业中的先进技术和设备，在企业导师的指导下参与实际的生产和技术工作，提升他们的职业技能和实践能力。学生通过动手操作掌握生产设备的使用，了解生产线的运作原理，提升技能的同时加深了对生产流程的理解。

培养学生的职业精神和职业态度：在企业中接受劳动教育，学生能够学习到企业的职业规范、工作流程和团队合作精神。在企业实习时，学生需要严格遵守企业的安全规定，按时完成各项生产任务，这有助于培养他们的职业态度、时间管理能力以及团队协作精神，为他们今后的职业生涯奠定良好的职业素养基础。

实现学校教育与行业需求的有效对接：校企合作使学校能够更好地了解企业对人才的需求，将企业的生产实践纳入到劳动教育中，确保劳动教育内容具有针对性和实用性。

2. 校企合作中劳动教育的实施路径

为了有效实施校企合作中的劳动教育，高职院校可以通过以下几种路径，与企业深度合作，确保学生在劳动中能够获得真实有效的职业教育：

建立校企联合培养基地：学校可以与企业共同建立联合培养基地，将企业的生产实践与学校的教育内容结合，形成长期、稳定的劳动教育基地。例如，建立无人机联合实训基地，学生可以在该基地中完成无人机的组装、调试和测试任务，基地同时配备企业导师和学校教师，确保学生在实践中的学习质量。

企业导师指导下的项目实践：在企业导师的指导下完成劳动项目，是校企合作中劳动教育的重要形式。企业导师往往具备丰富的行业经验，能够为学生提供专业指导。例如，在环境监测企业中，学生可以在企业导师的带领下，进行污染源的监测和数据采集，导师不仅会传授专业技能，还会分享行业中的经验和技巧，帮助学生更好地理解职业的实质和行业的要求。

参与企业的真实生产与研发项目：学校可以组织学生参与企业的真实生产或研发项目，增强劳动教育的实战性。例如，在食品生产企业中，学生可以参与新产品的研发和生产流程的优化项目，从原材料选择到生产线调试，学生在劳动中学习和应用专业知识。这种参与真实项目的劳动教育，使学生能够在工作中感受到职业的挑战和成就感，激发他们的学习热情。

校内外交替的实训模式：学校可以采用校内与校外交替进行的实训模式，将学校的课堂教学与企业的实践教学相结合。例如，学生在学校学习无人机的基本原理与操作技能后，到企业中完成飞行任务的实地操作，这种校内学习与企业实践交替进行的模式，有助于学生在知识掌握和技能应用之间建立紧密联系，提高学习效果。

3. 校企合作中劳动教育实施的优势与挑战

校企合作中的劳动教育具有显著的优势，但在实施过程中也面临一些挑战，需要学校和企业共同努力解决。

真实的职业体验与职业能力培养：校企合作中的劳动教育为学生提供了真实的职业环境，使他们能够在实践中掌握专业技能，并体验到职业中的劳动强度和职业要求。学生能够使用企业级设备进行操作，学会如何解决实际工作中的技术问题，这种真实的体验使他们的学习更加扎实。

职业精神和职业态度的培养：通过在企业中完成劳动任务，学生能够学习到企业的职业规范和工作要求，培养职业精神和职业态度。在企业生产线上的实践，要求学生严格遵守时间安排和生产操作规范，这对于培养他们的时间管理能力、责任意识和团队合作精神具有重要作用。

企业参与积极性不足：在校企合作中，部分企业对学生的参与存在顾虑，认为学生缺乏经验，可能影响生产进度或带来安全隐患。这种顾虑影响了企业参与劳动教育的积极性，限制了学生的实践机会。学校应加强与企业的沟通，确保学生在企业中的劳动实践有明确的任务和安全保障，以减轻企业的担忧。

校企合作的长期稳定性：校企合作需要长期的合作关系和互信，但在实际操作中，由于市场变化和企业经营压力，一些企业的参与可能不够稳定，导致合作项目的中断。这对学生的实践安排和劳动教育的连续性产生了影响。为解决这一问题，学校可以通过签订长期合作协议，确保企业稳定参与，同时建立多个企业合作伙伴，分散风险。

4. 改进校企合作中劳动教育实施的建议

为了提升校企合作中的劳动教育质量，学校和企业需要从以下几个方面入手，确保学生能够在劳动中获得高质量的职业教育：

建立稳定的校企合作机制：学校应与企业签订长期合作协议，确保劳动教育项目的稳定性。例如，与多家企业建立联合培养基地，提供多样化的实践机会，确保学生在学习期间有持续的劳动实践。此外，学校还应建立校企联络机制，确保合作双方在项目实施中的沟通和协调。

加强企业导师的培训与支持：企业导师在校企合作的劳动教育实施中起着重要作用，学校应加强对企业导师的培训，使他们能够理解教育目标，并掌握必要的教学方法。例如，学校可以定期组织企业导师参加培训，介绍职业教育的理念和方法，帮助企业导师更好地指导学生进行劳动实践。

确保学生劳动实践的安全与规范：在劳动教育中，学生的安全是首要问题。学校应与企业共同制定劳动实践的安全规范，确保学生在实践中能够得到充分的安全保障。学校和企业应共同制定操作规程，确保学生在导师的指导下安全地完成工作任务。

校企合作中的劳动教育实施，是高职院校提升学生职业能力和职业素养的重要途径。通过建立校企联合培养基地、企业导师指导下的项目实践、参与企业的真实生产与研发项目等方式，学生能够在真实的职业环境中进行劳动实践，掌握专业技能并培养职业精神。然而，校企合作中的劳动教育也面临企业参与积极性不足、合作缺乏长期稳定性等挑战。高职院校应通过建立稳定的合作机制、加强企业导师培训、确保劳动实践安全与规范等措施，提升劳动教育的实效性，使其在学生全面素质培养中发挥更大的作用。

4.2 劳动教育与思想政治教育的融合

4.2.1 思想政治教育在劳动教育中的作用

将思想政治教育融入专业课程和教育实践中，是新时代教育的重要要求。在劳动教育中融入思想政治教育，能够有效提升劳动教育的育人效果，通过劳动实践培养学生正确的价值观、劳动精神和社会责任感。思想政治教育在劳动教育中的作用，不仅是帮助学生掌握专业技能和动手能力，更重要的是通过劳动教育的过程，引导学生树立积极的劳动观，养成正确的职业态度和社会责任感，促进学生的全面发展。

1. 思想政治教育在劳动教育中的重要意义

思想政治教育在劳动教育中的作用，体现在以下几个方面，能够全面促进学生的思想素质和职业素养的提升。

引导学生树立正确的劳动观：劳动教育的一个核心目标是让学生理解劳动的意义，培养热爱劳动、尊重劳动的精神。通过思想政治教育的融入，教师可以在劳动实践中有意识地引导学生思考劳动的社会价值和个人意义，帮助他们树立正确的劳动观。

培养学生的职业精神和职业态度：思想政治教育强调劳动过程中职业精神的培养，包括认真负责、精益求精和吃苦耐劳等职业态度。在劳动教育中，教师可以通过思想政治教育，引导学生在完成劳动任务时注重细节，培养对工作的敬业精神。

增强学生的社会责任感：劳动教育不仅是技能的训练，还能培养学生的社会责任感。通过思想政治教育，教师可以将劳动教育与社会问题相结合，引导学生认识到劳动对社会发展和民生的意义。

提高学生的集体意识和团队合作能力：劳动教育往往需要集体协作完成，通过思想政治教育，教师可以在劳动实践中强调团队合作的重要性，培养学生的集体意识。

2. 劳动教育中融入思想政治教育的实施路径

将思想政治教育融入劳动教育，需要教师在课程设计、教学实施和评价环节中有意识地融入思想政治教育内容，以下是一些具体的实施路径：

在课程设计中融入素养目标：在劳动教育的课程设计阶段，教师应明确思想政治教育的育人目标，将其与劳动教育的具体内容相结合。例如在设计劳动课程时，教师可以设定育人目标，如培养学生的工匠精神、增强对社会服务的责任感等，并在具体的劳动任务中安排与这些目标相关的思想政治内容。

通过劳动任务中的思想政治引导：在劳动教育的实践环节中，教师可以通过劳动任务中的具体情境进行思想政治引导。例如，在环境监测技术的劳动项目中，教师可以引导学生讨论污染源监测的社会意义，让他们认识到环境保护不仅是一项技术工作，更是对社会和生态的责任。通过这样的情境引导，帮助学生在劳动中理解劳动的社会价值和意义。

结合劳动过程中的典型案例和故事：通过讲述劳动过程中的典型案例和先进人物事迹，教师可以有效将思想政治教育融入劳动教育中。例如，教师可以讲述所在行业中的先进人物和工匠精神，激励学生在劳动中追求卓越，认真对待每一道工序。这些案例和故事能够让学生更加直观地理解劳动的价值，并激发他们对工作的热情和敬畏之情。

利用小组讨论和反思总结：在劳动任务完成后，教师可以组织学生进行小组讨论和反思总结，通过讨论劳动过程中的感受和收获，引导学生思考劳动的意义和自己在劳动中的表现。例如，完成任务后，教师可以组织学生反思团队合作中的优点和不足，并讨论如何在未来的劳动中更好地合作和承担责任。这种反思总结有助于学生将劳动中的经验转化为内在的职业精神和思想认知。

3. 思想政治教育在劳动教育中的优势与挑战

将思想政治教育融入劳动教育具有显著的优势，但在实施过程中也面临一定的挑战，需要学校和教师采取一定措施来应对。

提升育人效果：通过思想政治教育的融入，劳动教育不仅是对学生技能和动手能力的培养，更是对学生思想政治素质的塑造。通过在劳动中强调工匠精神和责任意识，学生能够在劳动教育中内化这些职业态度，使劳动教育的育人效果更加全面。

增强学生的职业认同感和社会责任感：思想政治教育能够引导学生在劳动中认识到自己的工作对社会的影响和价值，这有助于增强他们对职业的认同感和社会责任感。通过思想政治教育的引导，学生认识到专业知识在社会应用中的重要作用，从而增强对行业的热爱和对社会的责任感。

思想政治内容与劳动实践的有机结合难度：在劳动教育中，有效地将思想政治内容与具体的劳动实践结合起来需要教师具备较高的课程设计能力。一些教师在思想政治内容的融入上，可能缺乏有效的方式和技巧，导致思想政治教育停留在表面，难以深度融合到劳动实践中。

学生对思想政治内容的接受度：部分学生可能对思想政治内容存在抵触情绪，认为劳动教育中的思想政治融入是"说教"，从而影响了他们的接受度。教师需要通过生动的案例和实践活动，增强思想政治教育的趣味性和现实感，使学生在劳动中自然接受思想政治教育的影响。

4. 改进思想政治教育在劳动教育中作用的建议

为了充分发挥思想政治教育在劳动教育中的作用，学校和教师可以从以下几个方面进行改进，确保思想政治教育能够与劳动教育有机结合。

加强教师培训，提升思想政治教育融入能力：学校应加强对教师的培训，帮助他们掌握如何在劳动教育中有效融入思想政治教育内容的技能。例如，组织教师参加思想政治教育专题培训，学习优秀案例和实践经验，提高他们在劳动任务中设计和实施思想政治教育的能力。

设计贴近实际的思想政治情境，增强教育效果：教师在设计劳动任务时，应尽量选择贴近学生实际生活和社会问题的情境，使思想政治教育具有现实感和感染力。例如，通过设计涉及现实问题的劳动任务，引导学生在劳动中思考社会责任，让思想政治教育更具实效性。

通过案例和故事引发学生共鸣：教师可以通过讲述劳动领域中的先进人物和感人故事，激发学生对劳动的尊重和对职业的热爱。例如，讲述无人机技术在灾害救援中的应用案例，激励学生认识到自己所学技能对社会的重大意义,从而增强他们对职业的认同感和使命感。

思想政治教育在劳动教育中的作用,是提升学生思想政治素质、职业精神和社会责任感的重要途径。通过在劳动教育中融入思想政治教育,学生在掌握专业技能的同时,能够树立正确的劳动观,培养敬业精神和社会责任感。然而,将思想政治内容有效融入劳动教育也面临一定的挑战,如思想政治与劳动实践的有机结合难度和学生接受度问题。高职院校应通过加强教师培训、设计贴近实际的思想政治情境和利用生动案例等方式,确保思想政治教育在劳动教育中发挥更大的作用,使劳动教育成为培养新时代高素质职业人才的重要手段。

4.2.2 劳动教育与思想政治教育的互促关系

劳动教育与思想政治教育是高职院校育人体系中的两个重要组成部分,两者相互补充、相互促进,共同推动学生全面发展。在新时代背景下,将劳动教育与思想政治教育紧密结合,不仅可以增强学生的实践能力和职业素养,还可以有效地提升思想政治素质和社会责任感。劳动教育通过实践活动为思想政治教育提供了生动的体验载体,而思想政治教育通过价值引领为劳动教育赋予了思想深度,使学生能够在劳动中成长为具备技能、素养与责任感的高素质人才。

1. 劳动教育与思想政治教育互促关系的体现

劳动教育与思想政治教育的互促关系体现在以下几个方面,通过两者的有机融合,学生能够在实践中增强思想素质,在思想引领下提升劳动质量,实现全面发展。

思想政治教育为劳动教育提供坚实的价值引导:劳动教育作为一种通过动手实践来培养学生劳动能力的教育方式,其核心目的在于让学生掌握必要的职业技能和动手能力,为未来步入社会奠定坚实基础。然而,如果这一过程缺乏思想政治教育的有效引导,学生可能仅仅停留在对劳动技能的机械掌握上,而无法真正深入理解劳动所蕴含的社会价值与个人意义。正是思想政治教育,以其独特的教育理念和价值导向,为劳动教育注入了灵魂,使学生在劳动实践中能够自觉地树立起正确的劳动观念,养成崇高的职业精神,从而在劳动中寻找到自我实现的途径。

劳动教育则为思想政治教育提供了生动且具体的实践载体:传统的思想政治教育往往侧重于理论知识的传授和核心价值观的引导,但单纯的理论灌输往往难以触及学生的心灵深处,难以让学生产生真正的共鸣和认同。而劳动教育通过丰富多彩的实践活动,为思想政治教育提供了一个全新的教育平台。在劳动实践中,学生能够亲身感受到劳动的艰辛与乐趣,体验到劳动成果的来之不易,从而更加深刻地理解思想政治教育的内涵和意义。这种将抽象理论转化为具体实践的教育方式,不仅使思想政治教育变得生动可感,更让学生在实践中学会了如何运用所学知识去解决实际问题,提升了他们的综合素质。

劳动教育与思想政治教育两者相辅相成，共同促进学生社会责任感的培养：劳动教育通过一系列的实践活动，不仅锻炼了学生的动手能力和职业技能，更让他们在实践中学会了与他人合作、共同完成任务的重要性。而思想政治教育则通过深入的价值引导，帮助学生认识到自己劳动的社会意义和价值所在，使他们明白个人的努力与社会的进步息息相关。两者结合，既让学生具备了扎实的职业技能和动手能力，又让他们拥有了强烈的社会责任感和使命感，从而成为能够为社会做出积极贡献的优秀人才。

劳动教育显著增强思想政治教育的感染力与说服力：劳动教育不仅仅是一种技能的传授，更是一种通过亲身实践来深刻体验和理解世界的方式。在劳动的过程中，学生们亲身投入到各种实践活动中，无论是农田里的耕种、工厂里的操作，还是社区服务中的奉献，都让他们有机会近距离地观察社会、理解生活，并从中获得宝贵的经验和感悟。例如，学生在参加志愿劳动或社区服务时，思想政治教育可以引导他们思考社会服务的重要性和自身劳动的贡献。这种结合使学生通过实际的劳动体验，对"劳动最光荣""服务社会"的思想产生更深的认同感和归属感。

2. 劳动教育与思想政治教育互促关系的实施路径

为了实现劳动教育与思想政治教育的相互促进，高职院校可以采取以下策略性路径，将两者深度融合，确保学生在劳动实践中不仅能够提升思想境界，还能在正确思想的引领下提高劳动质量与效率。

在劳动任务中巧妙融入思想政治教育：在规划劳动教育课程时，教师应精心设计劳动任务，巧妙地将思想政治教育的元素融入其中。例如，在农业劳动中，可以引导学生思考食物生产的艰辛与价值，从而培养他们对劳动者的尊重和对自然资源的珍惜；在工厂实习中，可以强调团队合作的重要性，以及个人努力对集体成果的贡献，以此激发学生的集体荣誉感和责任感。通过这些方式，学生在完成劳动任务的同时，也能深刻理解劳动背后的社会意义和个人价值。

利用劳动项目进行价值观教育：劳动项目是连接理论与实践、知识与情感的桥梁。高职院校可以设计一系列富有教育意义的劳动项目，如社区服务、环保行动、创新创业等，让学生在项目实施过程中亲身体验并深刻理解思想政治教育的核心理念，如社会责任感、环保意识、创新思维等。通过项目实践，学生不仅能够掌握实用的劳动技能，还能在价值观层面得到升华。

组织社会服务与志愿劳动活动：社会服务与志愿劳动活动是实现劳动教育与思想政治教育融合的有效途径。高职院校应积极组织学生参与此类活动，如社区服务、支教活动、环保清洁等，让学生在服务他人、贡献社会的过程中，亲身体验劳动的价值与乐趣，同时加深对社会主义核心价值观的理解和认同。这种实践活动有助于培养学生的公民意识、同理心和社会责任感。

建立劳动教育与思想政治教育的协同机制：为确保劳动教育与思想政治教育之间的有效衔接，高职院校应建立一套完善的协同机制。这包括课程设计的协同、教学内容的整合、教学方法的创新以及评估体系的建立。例如，可以设立跨学科的教研团队，共同开发融合劳动教育与思想政治教育的课程模块；在教学方法上，可以采用案例分析、角色扮演、小组讨论等多种形式，以增强学生的学习兴趣和参与度；在评估体系上，应综合考量学生的劳动技能、思想品质、团队合作等多方面的表现，确保评价的全面性和公正性。

通过上述路径的实施，高职院校可以成功地将劳动教育与思想政治教育有机结合，为培养具有高尚品德、扎实技能和社会责任感的复合型人才奠定坚实基础。

3. 劳动教育与思想政治教育互促关系的优势与挑战

劳动教育与思想政治教育的互促关系具有显著的优势，但在实际实施过程中也面临一定的挑战，需要学校和教师共同努力克服。

提升育人效果，促进学生全面发展：劳动教育与思想政治教育的结合，使学生在动手实践的同时能够接受思想引导，实现劳动能力与思想素养的双重提升。例如，通过劳动中的思想引导，学生不仅学会了技术操作，还能够树立正确的劳动观和职业态度，使教育效果更加全面。

增强学生的实践体验与思想认同：思想政治教育通过劳动教育这一实践载体，能够使学生更加真实地体验思想政治教育的内容。例如，在食品生产的劳动中，学生通过实际的质量检测和生产控制，深刻认识到食品安全的重要性，这种实际体验使思想政治教育的内容更加具有说服力和感染力。

教师素质与课程设计能力的要求较高：劳动教育与思想政治教育的结合需要教师在课程设计中具备较强的创新能力，能够有效将思想政治内容融入劳动任务中，而不是简单的"说教"。这种融合对教师的思想政治素质和劳动实践指导能力提出了较高的要求。

思想政治教育融入劳动教育的实施难度：在劳动教育中融入思想政治教育，需要教师在实际的劳动任务中找到合适的时机进行引导，这对教师的教学技巧和学生的接受度都是一个挑战。例如，如何在技术操作的过程中自然地进行思想引导，而不让学生觉得刻意和生硬，是教师需要解决的问题。

4. 改进劳动教育与思想政治教育互促关系的建议

为了更好地实现劳动教育与思想政治教育的互促关系，高职院校可以从以下几个方面进行改进和优化：

加强教师的培训与能力提升：学校应加强对教师的培训，提升他们在课程设计中融入思想政治教育的能力。例如，组织劳动教育与思想政治教育的融合培训班，邀请经验丰富的思想政治教师和劳动教育专家进行分享，提高教师在劳动教育中融入思想政治内容的技巧和能力。

设计贴近实际的劳动任务,增强教育实效:教师应在劳动教育中设计贴近社会实际和学生生活的劳动任务,使思想政治教育的内容具有现实感。例如,设计涉及环境保护、社会服务等主题的劳动任务,让学生在劳动中能够直观地理解思想政治教育的核心理念,增强教育的实效性。

采用多样化的教学方法,增强思想政治融入的自然性:教师应采用多样化的教学方法,使思想政治教育与劳动教育的结合更加自然。例如,通过讲述生动的故事、开展小组讨论和反思活动,引导学生在劳动中理解思想政治的内容,从而避免思想政治融入的刻意和生硬。

劳动教育与思想政治教育的互促关系,是高职院校全面提升学生职业素养和思想素质的重要途径。通过在劳动教育中融入思想政治教育,学生能够在实践中理解劳动的价值,树立正确的劳动观、职业态度和社会责任感。而思想政治教育通过劳动教育的实践载体,使思想价值观更具感染力和说服力。然而,在实际实施过程中,劳动教育与思想政治教育的结合面临教师素质要求高、思想政治融入难度大的挑战。高职院校应通过加强教师培训、设计贴近实际的劳动任务和采用多样化的教学方法,确保劳动教育与思想政治教育的有机结合,使学生在劳动中获得全面的发展。

4.3 高职院校劳动教育的创新实践

4.3.1 创新劳动教育的教学模式

创新劳动教育的教学模式,是提高劳动教育质量和育人效果的重要手段。传统的劳动教育模式多以单一的技能训练为主,缺乏对学生创造力、劳动精神和综合能力的培养。随着社会和技术的发展,高职院校需要在劳动教育中不断创新教学模式,以适应新时代对高素质技能型人才的需求。创新劳动教育教学模式,意味着通过更加灵活和多样化的方式,将实践操作、跨学科融合、思想政治教育等有机结合,使学生在劳动中得到全方位的成长。

劳动教育教学模式的创新,具有重要的教育意义,它不仅有助于提高学生的实践能力和职业素养,还能够培养学生的创新意识和解决问题的综合能力,具体意义体现在以下几个方面:

提升学生的综合能力:通过创新劳动教育的教学模式,可以有效提高学生的综合素质。例如,将劳动教育与项目式学习结合,学生在完成项目的过程中,不仅需要动手操作,还需要运用多学科的知识进行问题解决和方案设计,从而在劳动中培养解决复杂问题的能力。

增强劳动教育的趣味性和吸引力:创新的劳动教育教学模式能够激发学生的学习兴趣,使劳动不再是单调的体力活动,而是富有挑战和趣味的学习体验。例如,通过引入虚拟现实技术,学生可以在沉浸式的环境中体验劳动任务,这不仅增加了劳动教育的趣味性,还能够提升学生的参与度和学习效果。

促进学生劳动精神和职业态度的养成：通过创新的教学模式，劳动教育不仅局限于技能的培养，还可以帮助学生在劳动中形成良好的职业态度和劳动精神。例如，通过跨学科项目的合作学习，学生在劳动中学会团队合作，感受到协作劳动的意义，从而培养集体意识和敬业精神。

将劳动教育与思想政治教育有机融合，是创新劳动教育教学模式的重要方向。在劳动任务中融入思想政治教育，引导学生在劳动中思考劳动的意义，培养他们的社会责任感和职业精神。例如，在无人机技术课程的劳动中，教师可以通过思想政治教育引导学生认识到无人机技术在农业生产中的作用和社会贡献，从而增强他们的劳动动机和对职业的认同感。

1. 创新劳动教育教学模式的优势与挑战

创新劳动教育教学模式具有显著的优势，但在实施过程中也面临一些挑战，需要学校和教师共同努力克服。

提升学习效果和学生参与度：创新的教学模式通过项目式学习、虚拟现实等多样化的方式，使劳动教育变得更加有趣和富有挑战性，增强了学生的学习兴趣和参与度。例如，通过沉浸式的VR劳动体验，学生能够在安全的环境中进行复杂的操作，既提高了学习效率，也激发了他们对劳动的兴趣。

促进学生的全面素质发展：通过创新的教学模式，劳动教育不仅注重技能的培养，还注重学生创新能力、团队合作和职业素养的综合提升。例如，通过跨学科的劳动项目，学生在劳动中学习如何整合不同学科的知识，增强了解决复杂问题的能力，使他们的综合素质得到全面发展。

资源和技术条件的限制：创新劳动教育教学模式的实施往往需要较多的资源和技术支持，例如项目式学习中的设备需求、虚拟现实技术的硬件和软件投入等，这对学校的资金和资源配置提出了较高的要求。

教师的教学能力和观念转变：创新教学模式对教师的教学能力和观念提出了新的挑战。教师需要具备更强的课程设计和技术应用能力，同时也需要转变传统的教学观念，将劳动教育视为综合素质培养的过程，而不仅仅是技能训练。

2. 改进创新劳动教育教学模式的建议

为了有效推动劳动教育教学模式的创新，高职院校可以从以下几个方面进行改进和优化：

加强教师培训与支持：学校应加强对教师的培训，帮助他们掌握创新教学模式所需的技能和工具。例如，组织项目式学习、虚拟现实技术应用等专题培训，提高教师的课程设计能力和技术应用能力，帮助他们更好地实施创新的劳动教育模式。

加大对教学资源的投入：创新劳动教育教学模式需要充足的资源支持，学校应加大对相关设备和技术的投入，例如购置虚拟现实设备、建立跨学科实验室等，以确保教学模式创新能够顺利实施。此外，学校应积极寻求企业和社会的支持，通过校企合作丰富实践资源和设备支持。

设计多样化的劳动任务，增强实践体验：教师应设计多样化的劳动任务，使学生能够在不同类型的劳动实践中体验到学习的乐趣和挑战。例如，通过设计涉及社会服务、生产管理、科技创新等多种类型的劳动项目，让学生在实践中全面发展自己的能力，体验到劳动的多样性和社会意义。

创新劳动教育的教学模式，是提高劳动教育质量和学生综合素质的重要途径。通过项目式学习、跨学科融合、虚拟现实技术、合作学习和思想政治融合等多种教学模式的创新，学生能够在劳动中得到更丰富的实践体验和思想引导。然而，创新劳动教育的教学模式也面临资源条件的限制和教师教学能力的挑战。高职院校应通过加强教师培训、加大资源投入、设计多样化劳动任务等措施，确保劳动教育教学模式的有效创新，使劳动教育真正成为培养学生职业能力、劳动精神和社会责任感的重要环节。

4.3.2 以问题为导向的劳动教育教学法

以问题为导向的劳动教育教学法（Problem-Based Learning, PBL）是一种将学生的学习过程建立在解决真实问题基础上的教学模式。PBL强调学生通过对具体问题的分析和解决，主动探索学习和动手操作，从而培养实践能力、创新思维、团队合作精神以及解决复杂问题的能力。在劳动教育中，采用以问题为导向的教学法，可以有效激发学生的学习动机，使他们在劳动中遇到和解决真实的问题，体验劳动的挑战与成就，增强他们的劳动精神和职业素养。

1. 以问题为导向的劳动教育教学法的意义

以问题为导向的劳动教育教学法，具有重要的教育意义，它能够将理论学习与劳动实践紧密结合，通过问题引导学生深入思考和探索，具体意义体现在以下几个方面：

培养学生的解决问题能力：PBL通过设定真实的问题情境，鼓励学生运用所学知识和技能去解决实际问题。例如，在无人机技术课程中，学生可能面临一个无人机在复杂地形下如何保持飞行稳定性的问题，通过分析和实验，学生能够探索不同的解决方案，从而在劳动中提高问题解决能力。

激发学生的学习兴趣和主动性：PBL强调通过问题引导学习，这种方式能够激发学生的学习兴趣，使他们在解决问题中主动探究。例如，在食品生产技术的劳动实践中，学生需要解决食品生产过程中某个工艺环节的质量控制问题，通过这样的探索，学生在劳动中不仅学习到了理论知识，还体会到解决问题的成就感，从而增强了学习的主动性。

增强团队合作与沟通能力：以问题为导向的劳动教育通常以小组形式进行，学生需与小组成员一起讨论和解决问题，这种合作学习有助于培养他们的团队精神和沟通能力。例如，在环境监测技术课程中，学生可能需要一起设计和实施污染源监测方案，通过分工合作和讨论交流，学生能够在劳动中学会如何与他人协作，提升团队合作能力。

促进学生的创新思维：PBL通过设定具有挑战性的问题，鼓励学生提出多种解决方案，这有助于培养学生的创新思维和创造能力。例如，在无人机的装调过程中，学生可能遇到通信信号受干扰的问题，教师通过引导，让学生设计和实验多种抗干扰方案，从而在劳动中培养了创新意识。

2. 以问题为导向的劳动教育教学法的实施路径

为了在劳动教育中有效实施以问题为导向的教学法，学校和教师可以采取以下几种路径，将问题情境融入到劳动实践中，确保学生在劳动中不断探索和成长：

设计真实而富有挑战的问题情境：教师应设计与学生未来职业密切相关的问题情境，确保问题具有现实意义和挑战性。通过实验来找到最优的解决方案。这样的问题情境，既符合无人机技术的应用背景，也能引导学生在劳动中进行深入探索。

分组合作解决问题：PBL通常以小组形式进行，学生在小组内讨论和分工合作解决问题。学生通过查找资料、实验操作和讨论，找出解决方案，这种合作学习的方式，能够增强学生的团队协作能力和责任感。

教师引导与支持：在以问题为导向的劳动教育教学法中，教师的作用是引导和支持学生的学习过程，而不是直接给出答案。当学生在遇到问题时，教师可以通过提问的方式，引导学生思考可能的原因，鼓励他们通过实验和数据分析找到问题的答案。这种引导与支持，有助于培养学生的自主学习能力和解决问题的信心。

反思与总结：在问题解决的过程中，教师应鼓励学生进行反思和总结，这对于巩固知识和提升能力非常重要。在完成任务后，教师可以引导学生讨论任务的成功之处和遇到的困难，以及如何改进。这种反思和总结，帮助学生在劳动中不断积累经验，提升自身的能力和认识水平。

3. 以问题为导向的劳动教育教学法的优势与挑战

PBL在劳动教育中有许多优势，但在实施过程中也面临一些挑战，需要教师和学校加以应对。

激发学习兴趣和主动性：通过设定真实的问题情境，PBL能够有效激发学生的学习兴趣和主动性。在面对干扰问题时，学生会主动查找资料、进行实验，从而在探索中深刻掌握知识。

培养创新能力和综合素质：PBL通过鼓励学生提出多种解决方案，有助于培养他们的创新能力。

教师的引导与支持难度大：PBL要求教师具有较高的引导能力和丰富的知识储备，能够在学生遇到困难时给予有效的支持和启发。这对教师提出了较高的要求，特别是在面对跨学科的问题时，教师需要具备足够的知识背景和教学技巧。

学习时间和资源需求较高：以问题为导向的教学法需要较长的学习时间和较多的资源支持，如设备、实验材料等，这对学校的资源配置和教学安排提出了较大的挑战。学校需要合理规划，确保每个劳动项目能够顺利实施。

4. 改进以问题为导向的劳动教育教学法的建议

为了更好地实施以问题为导向的劳动教育教学法，学校和教师可以从以下几个方面进行改进，确保学生在劳动中获得全面的成长和发展。

加强教师培训，提升引导能力：学校应加强对教师的培训，帮助他们掌握 PBL 的实施技巧。组织教师参加 PBL 的培训，学习如何设计问题情境、如何有效引导学生解决问题，以及如何在劳动教育中实现思想引导和技能培养的双重目标。

提供充足的学习资源和实验设备：学校应确保劳动教育中有足够的资源支持 PBL 的实施。配备足够的实验设备、提供充足的学习资料和实验材料，使学生在解决问题的过程中能够顺利进行实验和探索。此外，学校可以通过与企业合作，提供真实的生产环境和设备，丰富学生的劳动体验。

设计具有多样性和层次感的问题：教师在设计问题情境时，应考虑问题的多样性和难度的层次，确保每个学生都能够在自己的能力范围内有所提升。设计涉及不同专业知识的问题，既有技术操作层面的问题，也有涉及社会责任和创新思维的问题，让学生在多层次的问题解决中实现综合素质的提升。

以问题为导向的劳动教育教学法，是提升学生综合能力和创新思维的重要途径。通过设计真实而富有挑战的问题情境，鼓励学生在劳动中主动探索和解决问题，PBL 能够有效激发学生的学习兴趣，培养他们的动手能力、创新意识和团队合作精神。然而，PBL 在实施过程中也面临教师引导能力和资源配置的挑战。高职院校应通过加强教师培训、提供充足的学习资源和设计多样化的问题，确保以问题为导向的劳动教育教学法能够有效实施，使学生在劳动中获得更全面的成长和职业素养的提升。

4.3.3 技术革新与劳动教育内容的更新

技术革新是推动劳动教育内容不断更新和升级的重要动力。随着信息技术、智能制造、人工智能等新技术的快速发展，传统的劳动教育内容面临新的挑战与机遇。为了适应现代社会和职业发展的需求，高职院校需要不断更新劳动教育的内容，将最新的技术成果和实践应用融入劳动教育中，帮助学生掌握最新的技术技能，培养他们的创新能力和职业竞争力。通过将技术革新与劳动教育紧密结合，劳动教育可以变得更加灵活、现代化和面向未来。

1. 技术革新对劳动教育内容更新的意义

技术革新推动劳动教育内容更新，具有深远的教育意义，它不仅使劳动教育紧跟行业发展趋势，也增强了学生在未来职业中的竞争力，具体意义体现在以下几个方面：

使劳动教育内容更具实用性和现代性：通过引入新的技术成果和实践方法，劳动教育可以帮助学生学习和掌握最前沿的技能。

培养学生的创新能力和技术适应力：新技术的不断涌现对劳动教育提出了新的要求，通过将最新的技术融入劳动教育，学生可以在劳动实践中体验和学习这些新技术，培养他们的技术适应能力和创新思维。

提升学生的职业竞争力：随着技术的不断进步，许多行业对劳动者的技术要求越来越高。通过不断更新劳动教育的内容，引入现代化的生产技术和自动化设备，学生可以在学习过程中掌握这些新技术的使用和操作，从而提高职业竞争力，适应未来职业的需求。

2. 技术革新对劳动教育内容更新的实施路径

为了有效实现劳动教育内容的更新，高职院校可以通过以下路径，将最新的技术革新成果引入到劳动教育中，确保学生在劳动中能够学习到现代化的技能和方法。

将现代化的生产设备与技术引入劳动教育，对于提升教学效果和学生的职业素养具有重要意义。首先，学校应积极引进现代化的生产设备和技术，将其应用于劳动教育中。这种设备和技术能够模拟真实的生产环境，帮助学生了解现代生产流程，掌握最新的操作技能。例如，先进的自动化机械、工业机器人等设备的应用，使学生能够在实践中接触到现代生产环境，从而增强其适应未来职业需求的能力。

其次，结合智能化与数字化技术，能够进一步提升劳动教育的实用性和现代性。随着智能制造、物联网、大数据等新兴技术的快速发展，学校可以将这些技术融入劳动教育，将智能化设备和数字化管理系统应用到教学中，帮助学生掌握信息化时代的操作技能和思维方式。这不仅能够丰富课程内容，还能提升学生的数字素养，使其在未来的职场中具备竞争力。

再次，与企业合作引入新技术实践是推动劳动教育现代化的重要途径。通过与行业领先企业的合作，学校可以及时获取企业最新的技术设备和生产流程，将其引入课堂和实训场景中，确保学生掌握最前沿的技术。同时，这种合作还能为学生提供更多的实践机会，让他们直接在真实的生产环境中学习，进一步提升动手能力和职业素养。

最后，基于技术革新开发新型劳动项目是确保劳动教育与时俱进的关键。教师可以根据技术的发展趋势，设计符合时代需求的劳动项目，使学生能够在实践中学习和应用新技术。例如，结合智能化设备和数字化工具，设计自动化生产流程的模拟项目，或者运用大数据和物联网技术进行智能工厂管理的实训项目，使学生在劳动过程中不断提升技术水平，增强创新能力和实践能力。

这种结合现代技术与劳动教育的模式，不仅有助于培养符合未来产业需求的高素质技能型人才，还能增强学生对现代科技和生产方式的理解与运用能力。

3. 技术革新与劳动教育内容更新的优势与挑战

技术革新在推动劳动教育内容更新中具有显著的优势，但在实际操作过程中也面临一定的挑战，需要学校和教师共同努力克服。

提高劳动教育的现代化水平：通过引入新技术，劳动教育的内容可以紧跟行业发展，使学生学习到最新的技术和方法。例如，在引入工业机器人后，学生可以学习到现代化的智能制造技术，这使劳动教育的内容更加贴近行业需求，增强了学生的职业竞争力。

增强学生的技术适应力和创新能力：通过技术革新推动劳动教育内容的更新，学生在劳动中可以接触到多种新技术，这有助于培养他们的技术适应能力和创新思维。例如，通过在劳动中使用物联网技术进行环境监测，学生不仅学习到了数据采集方法，还能在数据分析中提出改进建议，从而培养创新思维和解决问题的能力。

设备投入和资源需求较高：引入新技术和现代化设备需要较高的资金投入，学校在设备购置和维护上需要较大的资源支持。这对部分资源有限的学校来说是一个挑战，学校需要合理配置资金，确保劳动教育内容的更新能够顺利进行。

教师培训与教学能力提升的需求：技术革新对劳动教育内容的更新需要教师具备掌握新技术的能力，因此教师的培训和教学能力提升尤为重要。部分教师可能对新技术不够熟悉，无法在劳动教育中有效传授这些内容，这需要学校加强教师的培训和继续教育，帮助他们适应新的教学要求。

技术革新与劳动教育内容的更新，是提升劳动教育质量和学生职业能力的重要举措。通过引入现代化的生产设备与技术、结合智能化和数字化手段、与企业合作开展新技术实践，劳动教育的内容可以不断更新和升级，帮助学生掌握最新的技术技能和职业素养。然而，技术革新在劳动教育内容更新中的实施也面临设备投入高、教师技术水平有待提升的挑战。高职院校应通过加强校企合作、加大设备投入、提升教师能力等措施，确保劳动教育内容的更新，使学生在劳动中掌握面向未来的技能，提升他们的职业竞争力和创新能力。

4.4 典型案例分析

4.4.1 国内高职院校劳动教育的成功案例

在国内高职院校中，劳动教育已成为培养学生职业技能、劳动精神和综合素养的重要环节。通过多种形式的劳动教育实践，高职院校有效地将职业教育、劳动实践和思想政治教育相结合，帮助学生在劳动中掌握技能、具备职业素养并树立正确的劳动观。以下是国内高职院校在劳动教育方面的五个真实成功案例，这些案例展示了劳动教育在学生综合素质培养中的重要作用。

1. 深圳职业技术学院

深圳职业技术学院通过构建"六融入"工作体系，成功将劳动教育与学校教育管理的各个层面紧密结合，形成了系统化、立体化的劳动教育模式。这一体系将劳动教育融入了课堂教学、实践教学、创新创业教育、日常管理、校园文化和社会实践六大方面，使学生在校期间的各个学习和生活环节都能够感受到劳动教育的价值。在课堂教学中，劳动教育与专业课程无缝衔接，不仅帮助学生掌握理论知识，还通过实践深化对劳动和职业的理解。在实践教学方面，学院与各类企业建立了密切合作，通过真实的生产环境、项目实践，使学生在劳动中提升技能与素养。创新创业教育则帮助学生将劳动精神与创业思维结合，鼓励他们在创新中感受劳动的价值与成就感。

在日常管理中，学校还注重通过劳动教育来培养学生的自我管理能力，如鼓励学生通过生活中的劳动实践（如宿舍管理、公共区域清洁等）来体验劳动的重要性。此外，校园文化活动也是劳动教育的重要载体，学校通过各种文艺活动、劳动主题活动，弘扬劳动精神，营造崇尚劳动的氛围。社会实践方面，深圳职业技术学院则引导学生深入社区、企业等社会实践基地，参与志愿服务、社会劳动等，让学生在服务他人、贡献社会的过程中深化劳动认知。这一模式不仅涵盖了学生的学习和生活，还借助数字化平台进行推广。学院建设的全国劳动云平台实现了劳动教育的数字化转型，为学生提供了劳动素养成长报告，并通过系统的成效监测推动劳动教育的持续优化。

同时，深圳职业技术学院还实施了"431"劳动教育模式，将劳动教育与工匠精神培养、职业体验紧密结合。学校每年组织学生参与职业技能大赛及工农业劳动，通过与华为、大疆等行业领先企业的合作，建立了跨界学习中心，使学生在真实的工作环境中进行劳动实践，提升职业技能与创新能力。这一模式不仅让学生掌握了具体的劳动技能，还通过实践中的反思与创造，培养了工匠精神，塑造了追求卓越、精益求精的品质。此外，学校在职业体验过程中融入了社会责任感的教育，帮助学生认识到劳动与社会发展的紧密联系，增强了他们的社会责任感与职业素养。

通过这些措施，深圳职业技术学院的劳动教育体系为学生提供了一个全面的教育框架，不仅帮助他们在专业学习中提升劳动能力，还培养了他们的创新意识和工匠精神，塑造了未来职业发展的核心竞争力。

2. 天津职业大学

天津职业大学在劳动教育方面形成了一套全面而系统的教育模式，体现了职业教育的实际需求与劳动精神的深度融合。作为首批国家示范性高等职业院校，天津职业大学将劳动教育纳入其人才培养体系，并通过多种形式加强劳动教育在学生全面发展中的作用。

首先，天津职业大学积极构建"理论＋实践＋技能"的劳动教育课程体系，确保学生不仅在课堂上掌握劳动的理论知识，还能通过丰富的实践活动提升动手能力。学校为所有学生开设了16学时的劳动教育必修课、专业技能选修课以及100小时的劳动实践课，旨在引导学生在实践中体悟劳动的价值，培养他们的职业素养。

在校内外实践基地的建设上，天津职业大学也走在了前列。学校依托专业特色，与南开区养老中心等30家单位共建了大学生校外劳动教育实践基地，结合学生的专业背景，开展服务型劳动实践活动。例如，学生可以通过参与社区养老服务等劳动实践，锻炼专业技能并培养责任感。同时，学校还建设了10个校内特色劳动教育工坊，提供实习实训的机会，进一步强化学生的劳动能力。

此外，天津职业大学特别注重将劳动教育与思想政治教育相结合，创新了"课程素养"与"工匠精神"的教育模式。学校通过课程素养体系，将劳模精神、劳动精神、工匠精神融入各类课程。例如，在汽车工程学院的课程设计中，团队开发了"1任务＋1主题N元素"的课程素养图谱，让每个工作任务都能够融入一个思想政治主题，同时强化学生对劳动精神的理解与实践。

为了提升劳动教育的效果，天津职业大学还推出了"劳动实践月"及相关系列活动，如"青马工程—工匠精神实践营""学生职业技能大赛""专业科技社团成果展示"等。这些活动不仅让学生在劳动实践中不断挑战自我，还培养了他们的团队协作能力、创新意识和社会责任感，真正实现了劳动教育与职业技能提升的双重目标。

通过这些多层次、多维度的教育举措，天津职业大学成功构建了一个综合性的劳动教育体系，既注重学生在劳动中的专业能力培养，又强调劳动教育的思想价值。在这种模式下，学生不仅能在学习和实践中提升技能，还能树立正确的劳动观念，进一步增强其职业素养和社会责任感。

3. 金华职业技术学院

金华职业技术学院在劳动教育领域的创新实践广受好评，尤其是其实施的"劳动修身计划"和"5+N"劳育平台，代表了职业院校劳动教育的新探索与路径。

"劳动修身计划"与"5+N"劳育平台：金华职业技术学院通过"劳动修身计划"搭建了"5+N"劳育平台，构建了全链式劳动育人模式。"5+"代表五种劳动教育的范式："榜样＋""专业＋""创业＋""生活＋"以及"公益＋"，而"N"则意味着根据具体情况灵活拓展，形成多样化的劳动教育形式。

其中，"榜样＋"通过榜样的力量引导学生认识劳动的重要性；"专业＋"将劳动教育融入专业教学，提升学生的劳动技能；"创业＋"则结合创新创业教育，通过科创竞赛培养学生的劳动创新能力；"生活＋"则着重日常生活中的劳动实践，培养学生自觉劳动的习惯；"公益＋"通过社会服务，厚植学生的劳动情怀，增强社会责任感。

劳动教育融入专业与实训：学院将劳动教育与专业技能相结合，在课堂教学中注重职业标准与劳动教育的匹配度。以园艺技术专业为例，学生在学习"果树生产技术"课程时，通过参与实际的栽培与生产活动，在提升劳动技能的同时也培养了爱农知农的情怀。此外，学院还建立了多个校内外实训基地，通过产教融合和劳作工坊等平台，提供丰富的劳动实践场景，确保学生在专业学习的同时，全面掌握劳动知识与技能。

创新创业与劳动教育结合：在创新创业教育中，学校采用了"萌芽—成长—融合—提升"的四阶段模式，帮助学生在创新中学会劳动，在劳动中实现创新。例如，学校的大学生创业园、电子商务孵化园等，为学生的创新型劳动提供了实战平台，促使他们在劳动中提升创新意识和技能。

公益劳动与社会服务：金华职业技术学院还积极推动公益性劳动教育，开展社会服务项目。通过"三层递进"的公益劳动实践模式，学生们在企业、社区等地开展志愿服务，参与乡村振兴、社区服务等活动，切实为社会发展贡献力量。这种公益劳动不仅提升了学生的实践能力，也培养了他们的家国情怀。

总体而言，金华职业技术学院通过"5+N"劳育平台，将劳动教育贯穿于课堂教学、创新创业、生活实践和社会服务中，形成了丰富多样的教育模式，不仅提升了学生的劳动技能，还培养了他们的社会责任感和职业素养。

4. 北京电子科技职业学院

北京电子科技职业学院通过多样化的劳动教育活动，为学生提供了全面提升劳动技能、思想素养和职业素养的实践机会。2024年，学校启动了首届"弘扬劳动精神，奋斗出彩人生"劳动教育月活动，旨在通过一系列实践活动让学生深入体验劳动的价值。

在活动的启动仪式上，全国五一劳动奖章获得者刘更生为学生们讲授了一堂生动的劳动思想政治课，分享了他在传统家具制作领域的匠心故事。通过他的讲述，学生们了解到劳动不仅仅是体力的付出，更是一种坚守、专注与创新的精神体现。

此外，学校还举办了"劳动嘉年华"游园会，提供了丰富多样的劳动实践体验项目。游园会分为五个主题体验区，涵盖传统文化、创意手工、生态环保等内容，学生们通过实际操作和劳动项目，如漆扇制作、多肉植物种植等，既提升了动手能力，也感受到劳动创造美好生活的实际意义。

此外，学校还鼓励学生将专业知识与居家劳动相结合。学生们通过居家顶岗实习、制作手工艺品、汽车检修等方式，将学到的理论知识应用到实践中，从而提升了专业技能和动手能力，同时也增强了对劳动价值的认知。

北京电子科技职业学院还通过组织田间劳动实践活动，让学生们深入农村，体验农作劳作的艰辛与收获。学生们在农场参与西瓜采摘等农活，通过亲身实践，体会到农业劳动的挑战与价值，更加珍惜粮食和劳动成果。

通过这些多维度的劳动教育活动，学校不仅提升了学生的劳动素养和专业能力，还弘扬了劳模精神和工匠精神，帮助学生更好地为未来的职业发展做好准备。

5. 天津渤海职业技术学院

天津渤海职业技术学院的劳动教育实践通过深度融合产教、打造"双师型"教师队伍，形成了独特的教育模式。学院注重劳动教育与实际生产需求的结合，强化教师在企业中的实践锻炼，推动了产教融合的发展。教师通过到企业下厂实践，解决生产中的实际问题，不仅提升了自身的专业技能，还为企业提供了技术支持。这一过程促进了教师在教学中更好地将理论与实际相结合，增强了教学效果。

在劳动教育中，天津渤海职业技术学院积极推进"双师制"教师队伍的建设，通过与多家企业的合作，设立实践培训基地，促进教师和企业人才的双向流动。在此基础上，学院将实践经历、业绩成果纳入教师的评价标准，致力于培养高素质、高技能的师资队伍。此外，学院还通过推动劳动教育和工匠精神的结合，开设各类专业实践课程和劳动教育基地，让学生在实践中提升劳动技能，培养职业素养。

学院还通过参加全国职业技能大赛、创新创业大赛等，积极推动学生在劳动实践中创新，并在教学成果上获得了显著成效。学院在多个劳动教育项目中获得了国家级、省级的教学成果奖，充分展现了其在劳动教育和产教融合方面的突出成果。这种模式不仅帮助学生掌握具体的劳动技能，还通过在实践中的创新和反思，培养学生的工匠精神和社会责任感，增强了他们的职业素养。

天津渤海职业技术学院的这种校企协同育人模式，为区域经济发展提供了强有力的人才支撑，通过深化产教融合和劳动教育，不断满足产业转型对高技能人才的需求，推动职业教育质量的提升。

4.4.2 国外职业教育中的劳动教育实践经验

国外职业教育体系中的劳动教育实践为提升学生的技能水平、劳动精神和社会责任感提供了重要参考。不同国家在职业教育中都采取了丰富多样的劳动教育形式，结合国家特色和行业需求，形成了各自的成功经验。以下是五个国家在职业教育的劳动教育实践中的经验总结。

1. 德国"双元制"职业教育中的劳动教育

德国的"双元制"职业教育体系被视为世界上最成功的职业教育模式之一，它将劳动教育深深融入到学生的职业成长过程中。

实践形式：德国的"双元制"职业教育将学校的理论学习与企业的实践培训相结合。学生每周有大部分时间在企业进行实际工作，接受真实的生产任务和职业培训，其余时间在学校学习理论知识。

教育成效：这种模式使学生在学习期间就能掌握实际操作技能，了解行业的最新技术和流程，培养了学生的劳动精神、团队合作能力和职业责任感。通过在真实的工作环境中学习，学生更容易实现理论与实践的结合，为就业做好了充分准备。

2. 澳大利亚的"TAFE"体系中的劳动教育

澳大利亚的职业教育与培训体系（Technical and Further Education，TAFE）以实践导向和多样化的课程设置著称。

实践形式：澳大利亚的 TAFE 课程非常注重劳动教育，通过与企业紧密合作，学生在课程中有机会进行实地实习和参与企业项目。例如，TAFE 机构经常与当地企业合作，提供技能培训和项目实践，让学生在企业的实际环境中进行操作。

教育成效：这种方式不仅帮助学生掌握了职业技能，还增强了他们的适应力和创新能力。TAFE 课程的灵活性使学生可以根据就业市场的需求调整学习方向，劳动教育的融入使学生在完成学业后能够迅速适应职业岗位的要求。

3. 芬兰的职业教育中的"学习工厂"模式

芬兰职业教育的特点是以学生为中心，通过创新的"学习工厂"模式来实现劳动教育。

实践形式：在芬兰的职业学校中，学生可以通过"学习工厂"模式参与实际的生产和服务过程。学习工厂是由学校和企业共同运营的模拟生产环境，学生在其中承担真实的生产任务，如产品设计、生产制造、质量控制等。

教育成效：通过"学习工厂"模式，学生在真实的劳动环境中积累了实践经验，提升了动手能力和解决问题的能力。此外，学生在团队中分工合作，共同完成生产任务，培养了合作意识和劳动精神。

4. 日本的"校企合作"和"工学交替"模式

日本的职业教育高度重视校企合作，通过"工学交替"模式推动劳动教育的实施。

实践形式：在"工学交替"模式中，学生在学校和企业之间轮流学习和工作。学生在企业工作期间，能够亲身体验职业环境，并接受企业导师的指导。此外，日本职业学校与企业的深度合作还包括企业为学校提供设备、案例和实践项目，增强学生的实践能力。

教育成效：这种模式使学生在学习过程中积累了丰富的实践经验，增强了对职业的认同感和职业素养。通过参与企业的日常生产活动，学生能够理解企业的运营方式和职业要求，为毕业后的就业打下了良好的基础。

5. 美国的"职业与技术教育"（CTE）中的劳动教育

美国的职业与技术教育（Career and Technical Education, CTE）将劳动教育视为职业教育的重要组成部分，注重学生技能的全面发展。

实践形式：CTE 课程与企业、社区合作，通过实习、学徒计划和合作教育等多种方式推动劳动教育。学生在校内学习理论知识的同时，有机会进入企业实习，体验职业环境，

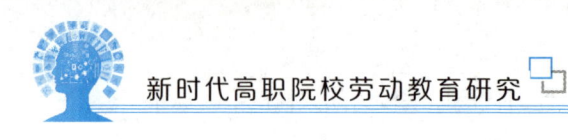

完成特定的劳动任务。此外，美国还鼓励通过职业技术竞赛来提升学生的技能水平。

教育成效：CTE课程的实践性使学生能够掌握行业内的最新技能，并培养动手能力和创新意识。通过与社区和企业的合作，学生不仅获得了技能培训，还增强了社会责任感和职业使命感。

国外职业教育中的劳动教育实践经验为我国高职院校劳动教育提供了许多有益的借鉴。德国的"双元制"强调理论与实践的有机结合，澳大利亚的TAFE体系突出实地实习与企业项目的参与，芬兰的"学习工厂"模式注重模拟真实的生产环境，日本的"工学交替"模式通过校企合作增强学生的职业认同感，美国的CTE课程则通过多样化的实习和学徒计划培养学生的技能和责任感。这些实践经验显示了劳动教育在培养职业技能、增强劳动精神和提升学生职业素养方面的显著效果，为我国劳动教育的改革和创新提供了重要参考。

第 5 章 新时代高职院校劳动教育的创新路径

5.1 劳动教育与新兴技术的结合

5.1.1 智能制造背景下的劳动教育创新

在智能制造背景下，劳动教育的创新成为提升学生职业技能、适应新技术环境的关键途径。智能制造引入了诸如工业互联网、物联网、人工智能和自动化等新兴技术，这对劳动教育内容、方式及目标提出了新的挑战，也面临着新的机遇。职业院校在劳动教育中不断探索，将智能制造技术融入课程和实践中，使学生不仅掌握传统劳动技能，还具备适应现代生产需求的综合能力。

1. 智能制造在劳动教育中的应用

工业互联网和物联网的实践应用：在劳动教育中，智能制造通过工业互联网和物联网技术，实现设备与数据的互联互通。例如，在湖南机电职业技术学院的智能制造实训课程中，学生通过物联网设备，学习数据采集与监控系统的操作，了解如何对生产线进行实时数据的监控与优化。这种实践不仅让学生掌握了最新的制造技能，还提升了他们对智能生产系统的综合理解。

智能化设备的操作与维护：引入工业机器人、数控设备等智能化设备，帮助学生在实际操作中掌握这些设备的编程、调试和维护。例如，广东岭南职业技术学院通过智能化车间实训中心，让学生参与工业机器人的编程和操作、数控机床的调试与运行，学生不仅学会了操作，还学会了如何进行设备维护和简单故障排除。

2. 劳动教育方式的创新

项目式学习与实训结合：在智能制造背景下，项目式学习（PBL）被广泛应用于劳动教育中，以真实的生产任务为导向，鼓励学生通过团队合作解决实际问题。

虚拟仿真技术的应用：虚拟仿真技术在智能制造劳动教育中也起到了重要作用。学生通过虚拟仿真平台进行生产线的设计和模拟操作，可以在虚拟环境中完成一些高风险或复杂的操作。

3. 劳动教育内容的更新

在智能制造背景下，劳动教育需要跨学科的知识支持，包括自动化技术、数据分析、机械控制等。

个性化学习与数据驱动教育：智能制造带来了教育方式的变化，通过数据驱动的方式为学生提供个性化的学习路径。学校可以利用学习平台记录学生在劳动实训中的表现数据，通过数据分析来为每个学生制订个性化的学习计划，在学生的薄弱环节上给予更多指导。

智能制造的融入使学生掌握了最新的生产技术，具备适应现代化生产环境的能力。通过在实训中心和企业车间的实际操作，学生能熟练运用智能设备进行生产任务，提升对行业技术发展的适应力。劳动教育中的智能制造实践让学生在毕业时具备更高的职业竞争力。在项目式学习中，学生通过解决实际生产问题，培养了创新能力和团队合作精神，这使他们能够在进入职场后快速适应岗位并具备解决复杂问题的能力。

智能制造背景下的劳动教育创新，推动了劳动教育在内容、方式和目标上的全面更新。通过引入工业互联网、物联网、虚拟仿真和项目式学习等现代化教育手段，学生不仅掌握了智能制造的关键技能，还提升了职业素养和创新能力。这些创新举措为学生适应现代制造业的需求、提升职业竞争力提供了有力的支持。未来，职业院校可以继续探索智能制造与劳动教育的深度融合，打造面向新技术环境的高质量劳动教育体系。

5.1.2 "互联网+"与劳动教育的融合

在"互联网+"背景下，劳动教育迎来了新的发展机遇。互联网技术通过在线平台、虚拟现实、数据共享等手段，为劳动教育注入了更多创新元素，改变了传统劳动教育的形式与内容。通过互联网与劳动教育的深度融合，职业院校能够为学生提供更加灵活、高效、多样化的劳动学习方式，推动学生在技术应用、创新思维和职业素养等方面全面发展。

1. 互联网在劳动教育中的应用

在线劳动教育平台：借助"互联网+"技术，学校建立了劳动教育在线平台，使学生能够通过网络资源进行知识学习与技能训练。例如，一些职业院校利用在线学习系统，提供劳动技能视频课程、在线作业与考核，使学生能够根据自己的进度进行学习。这种在线学习平台特别适用于理论与实践结合的劳动教育，如操作流程的讲解、设备使用的展示等。

虚拟现实（VR）与增强现实（AR）技术的融合：互联网与虚拟现实（VR）和增强现实（AR）技术的结合，为劳动教育提供了沉浸式学习体验。学院通过VR技术，模拟复杂的工作场景，使学生能够在虚拟环境中安全地进行劳动操作。学生可以通过这种互动式学习，更直观地理解劳动过程和技能要求，解决了一些传统劳动教育中由于设备不足或危险性高而难以实施的问题。

在线项目协作与实践：互联网平台为学生提供了远程协作的机会，学生可以通过在线项目管理工具参与团队合作，实现跨地区的劳动项目协作。借助互联网平台的力量，学生们能够获得跨越地理界限的远程合作机会。通过丰富的在线项目管理工具，学生们能够实时共享资源、讨论进展、分配任务，并与来自不同地域、文化背景的同学共同参与跨地区的劳动项目协作。这种高效、透明的协作方式不仅提高了工作效率，还拓宽了学生们的视野，培养了他们的跨文化沟通能力和团队协作精神，为未来的职业发展奠定了坚实基础。

"云实训"与虚拟工厂：互联网与劳动教育的结合还体现在"云实训"和虚拟工厂的建设上。学生可以通过云端访问虚拟工厂进行模拟操作，体验生产制造过程的各个环节。"云实训"与虚拟工厂是互联网与劳动教育深度融合的产物，它们为学生提供了一个全新的学习平台。通过互联网，学生可以轻松访问"云实训"系统，进入虚拟工厂环境，进行各种生产制造过程的模拟操作。这种模拟操作不仅让学生身临其境地体验了生产制造的各个环节，还让他们在安全、无风险的环境中掌握了实际操作技能。此外，"云实训"与虚拟工厂还具备灵活性和可重复性的特点，学生可以根据自己的学习进度和需求，随时进行复习和巩固，从而更有效地提升自己的劳动技能和职业素养。

基于互联网的数据共享与资源整合：通过互联网，学校能够整合校内外的劳动教育资源，丰富教学内容。这不仅涵盖了经过数字化处理的教学视频、详尽的电子图书、贴近实际的实践案例等多样化学习资源，还涉及与企业合作共享的生产线、实验室及实训基地等宝贵实践平台。通过这一机制，学校不仅极大地丰富了教学内容，提升了教学的趣味性和实效性，还促进了不同地区、不同学校之间的深入交流与合作，共同构建一个开放共享、多元协同的劳动教育生态系统，为学生们提供更加全面、深入、实践导向的学习体验。

智能化评价与学习分析：借助互联网平台，劳动教育的评价方式也得到了创新。通过大数据分析，可以对学生的劳动实践进行量化评估，如劳动时间、任务完成情况、技能提升等，并根据评估结果为学生提供个性化反馈。这种基于数据的评价方式不仅更加客观、公正，还能够激励学生积极参与劳动实践，不断提升自身的劳动技能和职业素养。同时，它也为教师提供了有力的教学支持，帮助他们更好地指导学生的学习和发展。

2. "互联网+"与劳动教育融合的成效

提高学习效率与灵活性：互联网与劳动教育的融合使学习变得更加灵活，学生可以利用碎片化时间在线学习理论知识，随后在实训课中进行集中操作练习。这种线上线下相结合的模式极大地提高了学习效率。

增强学生的职业素养与创新能力：通过互联网技术的支持，劳动教育不再局限于传统的技能传授，还涵盖了数据分析、远程管理、团队协作等现代职业素养。例如，通过虚拟现实技术的应用，学生在模拟复杂环境中进行劳动操作，培养了解决实际问题的能力，增强了职业素养和技术适应性。

"互联网+"为劳动教育提供了全新的工具与手段，推动了劳动教育在内容、形式和方式上的全面革新。通过在线平台、虚拟现实、"云实训"等手段，学生可以获得更加灵活和多样化的劳动教育体验，不仅掌握了传统劳动技能，还具备了适应现代生产需求的能力。职业院校在未来可以继续深化互联网技术在劳动教育中的应用，探索"互联网+劳动教育"的多种融合方式，为学生提供更优质的教育资源和实践机会，培养适应新时代需求的高素质技能人才。

5.2 劳动教育与社会服务的结合

5.2.1 社会服务中的劳动教育实践

社会服务中的劳动教育实践旨在通过参与社会服务活动，将劳动教育与社区服务、社会公益相结合，使学生在劳动过程中提升实践能力、社会责任感和职业素养。这种教育模式不仅让学生掌握技能，还增强了他们的社会意识和对社会的认同感。以下是五种社会服务中的劳动教育实践模式及其优势。

1. 社区服务劳动项目

职业院校常组织学生参与社区环境的改善活动，例如绿地维护、街道清洁、垃圾分类宣传等。这些活动让学生在劳动过程中体会到环境保护的意义，同时学习如何通过自己的努力改善社区环境。这种形式的劳动教育能够增强学生的社会责任感，让他们在劳动过程中理解劳动对社会的价值，同时培养学生的团队协作能力和社会服务意识。

2. 社会公益劳动活动

许多职业院校鼓励学生参与社会公益活动，如为孤寡老人提供帮助、为贫困地区捐赠物资等。例如，常州机电职业技术学院通过"博爱青春"项目，组织学生深入乡村，为革命老区儿童带来机器人编程等科技体验活动，丰富孩子们的暑期生活。这一项目获得了江苏省"博爱青春"志愿服务"十佳项目奖"，体现了职业院校学生通过志愿服务提升实践技能和社会责任感。这些公益活动不仅让学生了解了农村的实际需求，还使他们在帮助他人中感受到了劳动的社会意义。通过参与社会公益劳动，学生不仅锻炼了实践技能，还学会了如何关爱他人、理解不同群体的需求，培养了同理心和社会责任感。

3. 校园内的社会服务劳动

学校内部的社会服务劳动也是一种有效的劳动教育形式。例如，南京信息职业技术学院的"共筑绿色"项目通过校内绿化养护和垃圾分类等环保实践，推动生态文明教育。学生们参与到校园绿化和公共设施维护工作中，并通过DIY手工活动，如利用咖啡渣制作环保手工皂，倡导循环利用。这些活动不仅提升了学生的环保意识，还帮助他们掌握了具体的实践技能，如植物养护和团队合作，进一步培养了他们对环境保护的责任感。

这种劳动教育模式可以让学生在熟悉的环境中参与劳动，便于教师指导和学生反思。通过对校园环境的维护，学生不仅掌握了劳动技能，还学会了如何保持环境整洁，增强了对公共资源的保护意识。

4. 校企合作中的社会服务

职业院校与企业合作，将劳动教育融入企业社会责任（Corporate Social Responsibility,CSR）项目中。例如，施耐德电气与多所职业院校开展了"绿色低碳产教融合项目"。该项目通过引入绿色低碳和数字化管理理念，帮助学生掌握绿色生产、运营和管理技能。学生们不仅能学习企业环保技术，还可以参与实际的低碳科技创新项目。例如，有学生设计了利用太阳能和风能的小型发电设备，帮助偏远地区提供清洁电力。这种合作模式不仅提升了学生的职业技能，还加深了他们对企业社会责任的理解，并为社会创造了价值。

校企合作的社会服务劳动能够让学生接触到企业的真实工作环境，了解企业如何履行社会责任，这有助于培养他们的职业道德和社会责任感。学生在企业的实践经历也为他们未来就业提供了宝贵的经验。

5. 社区创业服务项目

一些职业院校探索了劳动教育与社区创业的结合模式，鼓励学生在劳动中实现创业，为社区提供产品和服务。例如，湖南信息职业技术学院组织开展了手工艺品爱心义卖活动，学生参与制作和销售手工艺品，为特殊群体提供支持。这次活动不仅提升了学生的创业能力，还通过义卖筹集善款支持社区发展，同时增强了学生的社会责任感和劳动技能。这种模式为学生提供了一个结合劳动、创业和社会服务的机会，促进了社区与教育的互动发展。

这种模式让学生在劳动中理解市场和社区的需求，学会如何通过劳动实现经济价值和社会价值的统一。这种以劳动促进社区发展的模式，培养了学生的创新能力和社会责任感。

社会服务中的劳动教育实践通过多种形式将劳动教育与社会服务相结合，让学生在劳动中理解社会责任，体验公益劳动的意义，并获得职业技能。无论是社区服务、社会公益、校园维护，还是与企业合作，这些社会服务劳动教育模式都有效地增强了学生的社会意识、团队合作精神和责任感。未来，职业院校可以继续探索多样化的社会服务劳动教育模式，为学生提供更多融入社会的实践机会，培养具备社会责任感和职业技能的高素质人才。

5.2.2 劳动教育在公益活动中的应用

劳动教育与公益活动的结合，是推动学生全面发展的重要途径。通过参与公益活动，学生可以在服务他人和贡献社会的过程中，深化对劳动的理解，增强社会责任感，并掌握更多实用技能。公益活动为劳动教育提供了多样化的实践场景，以下是劳动教育在公益活动中的具体应用：

1. 志愿服务中的劳动教育

职业院校鼓励学生参与社区关怀活动，如为孤寡老人、留守儿童提供帮助。例如，山东交通职业学院组织学生到养老院进行志愿服务，学生为老人打扫房间、整理物品，并陪老人聊天。通过这些活动，学生学会了关爱他人、尊重长者，增强了社会责任感。

志愿服务中的劳动教育能够有效提升学生的同理心和社会责任感。学生通过这些公益劳动活动，体验到劳动对他人的价值和对社会的积极影响，理解劳动不仅仅是体力付出，更是对社会的一种贡献。

2. 公益性环境保护劳动

环境保护是公益活动的重要组成部分，许多职业院校通过组织学生参与环保活动，将劳动教育融入其中。例如，广州城市职业学院的学生参与"净滩行动"，清理河道垃圾，维护生态环境。学生在实际劳动中学习垃圾分类、环保知识，并理解环保劳动对环境保护的重要性。

环保活动中的劳动教育，能够增强学生的环保意识和社会责任感。在劳动中，学生通过清理垃圾、维护绿化等行动，直观地看到劳动的成果，培养了爱护环境的习惯和意识。

3. 公益劳动与职业技能结合

结合职业技能的公益活动：职业院校通过公益活动，结合专业技能进行劳动教育。例如，护理专业的学生可以参与社区健康服务，为居民提供基础的健康检查和护理建议；电子维修专业的学生可以为社区居民提供家电维修服务。天津职业大学的学生曾组织"社区家电义修"活动，利用所学技能为社区居民免费维修家用电器，这不仅提高了学生的专业技能，还让他们在劳动中体会到助人为乐的成就感。

优势：将公益活动与职业技能结合，使学生在服务社会的过程中，应用和提升自己的专业技能。这种模式让学生在劳动中获得了更多的实践经验，提升了职业能力，并使劳动教育的社会意义更加丰富。

4. 公益劳动中的创新实践

职业院校可以探索创新型的公益劳动项目，让学生在劳动中进行创新。让学生在劳动中不断创新，可以激发他们的创造力和解决问题的能力。这种劳动教育模式不仅培养了学生的劳动技能，还让他们在公益劳动中体验到创新对社会的积极影响。

劳动教育在公益活动中的应用，通过多种形式使学生在服务社会的过程中理解劳动的价值。志愿服务、环保劳动、基础设施维护、职业技能结合的公益活动，以及创新型公益项目，都是劳动教育在公益中的有效实践方式。这些活动帮助学生在劳动中提升社会责任感、团队合作精神和职业技能，使他们在未来的职业生涯和社会生活中更加具备综合素质和社会担当。职业院校应继续探索劳动教育与公益活动的深度结合，为学生提供更加丰富和有意义的劳动教育体验。

5.2.3 社区与学校合作中的劳动教育探索

社区与学校的合作是劳动教育的重要探索方向，通过将学校的教育资源和社区的实际需求结合起来，职业院校能够为学生提供丰富的劳动实践机会，同时为社区带来积极的改变。这种合作模式不仅促进了学校与社区的互动，还增强了学生的社会责任感和实践技能。以下是社区与学校合作中的劳动教育探索的五种方式及其优势：

1. 社区需求导向的劳动教育项目

基于社区需求的劳动项目：职业院校与社区合作，了解社区的实际需求，设计相应的劳动教育项目。例如，重庆电子工程职业学院与当地社区携手合作，通过全面深入的调研，准确把握了社区的实际需求。学院了解到，社区内的老年活动中心因设施老化、环境维护不足，难以满足老年人的日常活动需求。为此，重庆电子工程职业学院迅速响应，组织了一支由相关专业学生组成的劳动实践团队，深入社区老年活动中心，开展了一系列维护与改造工作。学生们不仅参与了活动中心的设施修缮，如更换老旧健身器材、修补破损墙面，还进行了环境美化，如增设绿植、优化照明等，使活动中心焕然一新。社区需求导向的劳动教育让学生参与到真实的社区事务中，通过服务社区理解劳动对社会的重要性，增强社会责任感。这种模式还帮助学生在劳动过程中学会如何解决社区中的实际问题，提升了他们的动手能力和问题解决能力。

2. 社区服务与课程结合的劳动教育

将社区服务融入课程：职业院校通过将社区服务内容融入课程，使学生在完成课程任务的同时，参与社区劳动。例如，在2024年职业教育活动周期间，新疆石河子职业技术学院食品工程学院组织师生代表走进石河子市某社区，开展食品制作技能展示及食品安全知识普及活动。活动中，食品教研室主任为社区居民讲解了常见焙烤制品的分类及特点，结合生活实际讲解了家庭版烘焙食品制作方式，并通过播放企业生产实际视频，向居民展示了食品规模化生产工艺。同时，一名教师讲解了酸奶制作工艺，对企业生产的标准化和家庭版的区别进行分析，倡导居民养成健康的饮食规律及习惯。现场居民还品尝了学生们制作的酸奶制品，与学生交流奶制品制作步骤，对学生们展现的精湛技能和良好精神面貌给予了高度评价。将社区服务与课程结合，增强了学生对课程内容的理解和应用能力，使劳动教育更加立体化。学生在社区中看到了自己劳动的成果，获得了成就感和社会认同感，有助于培养积极的劳动态度。

3. 社区教育基地的建立

建立社区劳动教育基地：一些职业院校与社区合作，共同建立劳动教育基地。天津渤海职业技术学院与区镇联合创设了职业体验中心，共同搭建"项目式"劳动教育场域新样态。该职业体验中心充分发挥劳动育人功能，通过体验方式来培养受教育者的职业兴趣、塑造职业意识、感知职业劳动、获取职业技能。学生们可以走进绿色化工、盐文化、无人机和虚拟现实等"项目式"劳动教育场域，把学校教育和校外教育有效衔接，强调学思结合，突出知行统一。社区教育基地的建立为学生提供了稳定的劳动实践环境，学校和社区之间的长期合作有助于形成系统化的劳动教育体系。学生在这种环境中不断进行劳动实践，逐渐形成劳动习惯，养成吃苦耐劳的精神和对社会的责任感。

4. 社区活动中的技能培训

职业技能服务社区：职业院校组织学生利用所学的专业技能为社区服务，如家电维修、健康检查、环境治理等。例如，天津轻工职业技术学院与海棠街文德花园社区以及同方知网（北京）技术有限公司天津分公司共同举行了签约仪式，通过共建社区学院，为社区居民提供更加多样的课程和技能服务。在共建过程中，天津轻工职业技术学院充分发挥其教育资源优势，为社区居民提供了包括珠宝鉴赏、信息素养提升在内的多样化课程。这些课程不仅丰富了社区居民的文化生活，还提升了他们的职业技能和素养。同时，学院还通过与企业合作，为社区居民提供了线上线下相结合的科普信息化服务，推动了数字文化融入群众生活。此外，天津轻工职业技术学院的师生还积极参与社区志愿服务，利用自己的专业技能为社区居民解决实际问题。例如，他们为社区居民提供法律咨询、家电维修等义务服务，赢得了社区居民的广泛赞誉。这种模式让学生在服务社区的过程中，应用并提升了自己的专业技能，增强了职业能力。同时，学生通过为居民提供技能服务，理解了劳动的社会价值，增强了对职业的认同感和社会责任感。

5. 社区文化活动中的劳动教育

社区文化活动的参与：职业院校与社区合作，组织学生参与社区的文化活动，如节庆装饰、文艺演出等。例如，天津渤海职业技术学院与天津长芦汉沽盐场有限责任公司共同搭建了校内外劳动实践基地。这一基地不仅为学生提供了丰富的劳动实践机会，还通过校企协同的方式，强化了劳动教育与心理健康全面发展的有机结合。学生们在基地中参与各种劳动活动，如盐业生产、化工操作等，不仅提升了他们的专业技能和实际操作能力，还培养了他们的团队协作精神和吃苦耐劳的品质。此外，天津渤海职业技术学院还积极与社区合作，共同开展了一系列以劳动教育为主题的社区文化活动。例如，学院与宁河区联动深入推动职业体验教育，聚焦学校专业优势，开展"寻根千年盐业，传承百年化工"等主题活动。这些活动不仅让学生们了解了盐业和化工行业的发展历程和现状，还让他们在实践中体验到了劳动的乐趣和价值。参与社区文化活动的劳动教育，增强了学生对传统文化的理解和认同感。在参与社区文化的过程中，学生通过劳动体验文化传承的意义，增强了与社区的情感联系，理解了文化在社会中的重要作用。

社区与学校合作中的劳动教育探索，通过将学校的教育资源与社区的需求相结合，丰富了劳动教育的内容和形式。社区需求导向的劳动项目、社区服务与课程结合、社区教育基地的建立、社区活动中的技能培训以及社区文化活动的参与，都是有效的探索方式。这些合作形式让学生在劳动中为社区做出贡献，增强了他们的社会责任感和职业技能，同时也推动了学校与社区的共同发展。职业院校应继续深化与社区的合作，为学生提供更加真实和有意义的劳动教育体验，培养适应社会发展需要的高素质技能人才。

5.3 劳动教育的评价与激励机制

5.3.1 劳动教育的效果评估体系

为了更好地衡量劳动教育的效果，建立科学的评估体系是必不可少的。劳动教育的效果评估不仅仅是对学生劳动技能的检测，还包括对学生劳动精神、社会责任感、职业素养等综合素质的全面评价。以下是劳动教育效果评估体系的主要内容和评价指标：

1. 劳动技能的评估

操作技能测试：劳动技能的评估主要通过操作技能测试来进行，评估学生在劳动过程中的动手能力和专业技能水平。例如，在机械维修课程中，通过特定的操作任务测试学生对机械部件的拆装能力、工具的使用熟练度等。

工作质量与效率：除了对基本操作技能的评估，还需要对劳动的工作质量和效率进行评估。例如，在实训过程中，教师通过观察学生完成任务的准确性和效率，评估他们是否掌握了高质量、高效率的劳动方法。

2. 劳动态度与劳动精神的评估

劳动态度考察：劳动教育不仅要培养学生的技能，还要注重劳动态度的培养。评估学生对劳动的积极性、坚持性、责任心等方面，教师可以通过日常观察记录学生在劳动中的表现，如是否认真完成任务、是否在面对困难时积极克服困难等。

团队合作精神与责任感：劳动教育中的团队合作精神和责任感也是评估的重要内容。教师可以通过学生在小组合作项目中的表现，评估其是否具备合作精神，是否在小组中积极承担责任。

3. 社会责任感与价值观的评估

公益劳动与社会贡献：教师可以通过学生参与社会公益活动的情况，评估其社会责任感和对社会的贡献意识。例如，学生在社区公益劳动中的表现，如是否积极参与、是否对社区的实际问题提出有效的解决方案，这些都可以作为衡量社会责任感的重要指标。

劳动教育与价值观养成：劳动教育的目标之一是帮助学生树立正确的劳动观念和价值观。评估学生的价值观养成情况，可以通过调查问卷、访谈等方式，了解他们对劳动的态度是否发生了积极变化，是否理解劳动的重要性和社会价值。

4. 学习效果与知识掌握度的评估

理论与实践结合的能力：评估学生在劳动教育中的学习效果，可以将理论知识和实践能力结合起来进行评价。例如，在农业生产课程中，学生是否能将课堂上学到的种植技术应用到田间劳动中，是评估其学习效果的一个重要方面。

问题解决与创新能力：通过劳动实践评估学生的创新能力和问题解决能力。学生在劳动中遇到问题时，能否通过所学知识提出有效的解决方案，是评估他们综合应用能力的重要指标。对于一些创新型劳动项目，评估学生的创意水平以及劳动成果的实际价值也很重要。

5. 数据驱动的评估方式

劳动实践记录与分析：使用大数据技术分析学生劳动实践的数据，生成劳动能力的成长报告。例如，通过"劳动积分"系统，记录学生每次劳动实践的时长、质量和成果，并通过数据分析为学生提供劳动表现的反馈。

多维度评价模型：劳动教育的效果评估应采用多维度的综合评价模型，结合过程性评价和结果性评价，既评估学生在劳动过程中的表现，也评估最终的劳动成果。例如，"三方八目"评价体系包括学生自评、教师评定、同伴互评等多个维度，确保评估的全面性和公正性。

6. 定性与定量相结合的评估

定量评价：通过分数、等级等形式，对劳动技能、劳动态度等进行量化的评分。学生的劳动时间、劳动质量、项目完成度等指标都可以进行量化，从而对学生的劳动表现进行直观的评价。

定性评价：通过观察记录、教师评语、同伴互评等方式，对学生在劳动中的精神面貌、合作意识、创新表现等进行描述性评价。例如，教师可以在劳动日志中记录学生的表现，作为定性评价的依据。

劳动教育的效果评估体系应包括劳动技能、劳动态度、社会责任感、学习效果等多个方面，通过操作技能测试、团队合作考察、社会公益活动参与情况等方式，全面评估学生的劳动教育成果。同时，通过数据驱动的评估方法，结合定量和定性评价，确保评估过程的科学性和公正性。这种多维度的评估体系有助于全面了解学生在劳动教育中的成长，为进一步优化劳动教育提供依据，也为培养新时代具备劳动精神和职业素养的高素质人才提供有力支持。

5.3.2 劳动教育激励机制的设计与实施

劳动教育激励机制的设计与实施旨在通过多种形式的奖励和激励，鼓励学生积极参与劳动教育，并在劳动中取得成长和进步。科学的激励机制能够有效提高学生的劳动积极性，增强他们的社会责任感和职业素养。以下是劳动教育激励机制设计与实施的五种方式：

1. 多样化的奖励形式

物质奖励与荣誉表彰相结合：在劳动教育中，适当的物质奖励可以激发学生的积极性。例如，学校可以为表现优秀的学生颁发奖品或奖学金，同时，通过授予"优秀劳动者"称号和颁发荣誉证书的方式，满足学生的成就感和自尊心，激发他们的内在动力。

积分与等级制度：劳动积分制是一种行之有效的激励方式。学生在每次劳动实践中表现优秀可以获得积分，累积到一定标准后，可以兑换奖励或升级劳动等级。例如，学生可以凭积分获得学习资源、校园商店代金券等，激励他们持续参与劳动。

2. 精神激励与情感关怀

劳动成果展示与分享：定期展示学生的劳动成果，让学生有自我展示的机会，以增强他们的自信心和成就感。例如，学校可以举办"劳动成果展览会"或"劳动分享会"，邀请家长、教师和社区居民参加，增强学生对劳动的自豪感。

榜样激励与同伴影响：通过树立"劳动明星"或"劳动先锋"榜样，激励学生向优秀的劳动者学习。学校可以通过宣传栏、校园广播等形式宣传优秀劳动者的事迹，营造积极向上的劳动氛围。

3. 多元化的评估与反馈

过程性评价与结果性评价结合：激励机制应注重对劳动过程的评价，而不仅仅是劳动结果。教师可以通过对学生在劳动过程中的表现进行评价，如态度、参与度、创新性等，给予积极反馈，帮助学生持续保持劳动积极性。

个性化反馈与目标设定：教师应为每个学生提供个性化的反馈，并与学生一起制定下一阶段的劳动目标，帮助他们明确努力方向。这种个性化的指导和激励能够有效提高学生的劳动参与度。

4. 社会认可与社会支持

社区与家庭的参与：社区和家庭的认可对激励学生有着重要的作用。学校可以通过家校合作，将学生在劳动中的表现反馈给家长，让家庭增强对学生劳动成果的肯定和鼓励，增加家庭的支持力量。

校企合作中的激励措施：企业可以为表现优秀的学生提供实习机会或就业推荐信，增强学生的职业自豪感和劳动动力。这种激励措施不仅提升了学生的劳动积极性，还增强了他们对未来职业的信心。

5. 劳动教育文化的营造

劳动文化的营造：学校应通过营造积极的劳动文化，形成对劳动的重视和尊重。例如，在校园内设立"劳动光荣墙"，展示学生在劳动教育中的优秀事迹，形成崇尚劳动、尊重劳动的氛围。

劳动节庆活动的举办：定期举办劳动节庆祝活动或劳动技能竞赛，通过集体活动增强学生对劳动的认同感和归属感，激发他们的参与热情，增强劳动教育的趣味性和吸引力。

劳动教育激励机制的设计与实施，需要通过物质奖励与精神激励相结合、多元化的评估与反馈、社会支持与劳动文化建设等多方面的努力，形成系统化和持续性的激励体系。

这些措施能够有效提升学生的劳动积极性，使他们在劳动中获得成就感，增强社会责任感，并逐渐养成良好的劳动习惯和职业素养。通过科学的激励机制，劳动教育的实效性将得到更大提升，有助于培养新时代具备劳动精神和职业素养的高素质人才。

5.3.3 劳动教育在学生职业生涯中的延展

劳动教育在学生职业生涯中的延展，不仅仅限于学校阶段的劳动实践，它对于学生进入社会后的职业发展同样具有深远的影响。通过劳动教育，学生掌握了基本的职业技能、形成了积极的劳动态度、培养了团队合作精神和社会责任感，这些素质和能力在学生的职业生涯中得到了延续和发展，以下是具体的延展表现：

1. 劳动技能的延续与应用

实践技能的直接应用：劳动教育中的实践技能可以直接应用到学生的职业岗位中，例如机械维修、食品加工、护理等技能。劳动教育让学生在进入职场时具备了较高的技能水平和实际操作经验，有助于他们快速适应工作岗位。

职业适应能力的提升：劳动教育帮助学生在实践中积累经验，提升他们在不同工作环境中的适应能力。这些适应能力对于学生应对职场中的岗位变化、任务调整等挑战非常重要，能够让他们更快地融入新环境。

2. 劳动态度对职业发展的促进

树立积极的劳动态度：通过劳动教育，学生培养了吃苦耐劳、认真负责的意识。这种劳动态度对于他们在工作中获得雇主的信任和认可至关重要，是职业发展的核心素质之一。

增强工作责任感：劳动教育中强调的责任心和集体意识在职业生涯中得以延续，使学生在职场中愿意承担更多的责任，成为团队中值得信赖的成员。

3. 团队合作与沟通能力的延展

团队合作经验的积累：劳动教育中的小组任务和集体劳动培养了学生的团队合作能力，这使他们在职场中能够与同事进行有效协作，提高工作效率。团队合作是现代企业中重要的职场技能之一，劳动教育为学生打下了良好的基础。

沟通与人际关系的构建：在劳动教育中，学生需要与同伴、教师和社区成员交流合作，这培养了他们的沟通技巧和人际关系能力，有助于他们在职场中建立积极的工作关系。

4. 创新精神与问题解决能力的延续

创新能力的培养：劳动教育中的实际操作和项目设计，鼓励学生在遇到问题时进行创新和尝试解决方案，这种创新精神在职业生涯中非常有价值，有助于他们在工作中提出改进建议和创新想法。

问题解决能力的提升：通过劳动实践，学生学会了如何在工作中分析问题和找到有效的解决方案。这种解决问题的能力是职业发展的关键素质之一，帮助他们在工作中面对挑战时具备良好的应对能力。

5. 社会责任感与职业道德的延展

职业道德的形成：劳动教育中强调的社会责任感有助于学生形成良好的职业道德。例如，在劳动教育中培养的环保意识、集体服务意识，在进入职场后能够促使他们关注企业的社会责任，成为有社会担当的员工。

积极参与社会活动的意识：学生通过劳动教育中的公益服务、社区劳动等，增强了社会责任感。在职业生涯中，他们会更倾向于参与企业的社会公益活动或社区服务，成为有社会影响力的职业人。

劳动教育在学生职业生涯中的延展体现在多方面，包括实践技能的应用、劳动态度的养成、团队合作与沟通能力的提升、创新精神与问题解决能力的培养，以及社会责任感的增强。劳动教育不仅让学生在学校阶段获得了动手实践的机会，还为他们进入职场后提供了持续发展的动力和能力。这些素质和能力有助于学生在职业生涯中获得更多机会，成为具备劳动精神、创新意识和社会责任感的高素质职业人才。职业院校应继续重视劳动教育，将其与职业生涯规划紧密结合，帮助学生为未来的职业发展打下坚实的基础。

第 6 章　新时代高职院校劳动教育的发展展望

6.1　劳动教育政策的未来发展方向

6.1.1　国家政策对劳动教育发展的引领

在新时代背景下，国家政策对劳动教育的发展起到了重要的引领和推动作用。国家通过一系列政策文件和措施，明确劳动教育在教育体系中的地位，强调其重要性和必要性，为劳动教育的发展提供了方向指引和制度保障。

1. **重大政策文件的发布**

《关于全面加强新时代大中小学劳动教育的意见》：2020 年，中共中央、国务院发布了《关于全面加强新时代大中小学劳动教育的意见》，明确要求将劳动教育纳入人才培养全过程，构建系统化的劳动教育体系。这一文件指出，劳动教育是培养学生综合素质的重要途径，对促进学生德智体美劳全面发展具有重要意义。通过政策引领，劳动教育成为从基础教育到高等教育的必修内容，学校必须保证劳动教育的时间和内容质量。

《大中小学劳动教育指导纲要（试行）》：教育部发布的《大中小学劳动教育指导纲要（试行）》进一步明确了劳动教育的目标、内容和要求。该纲要强调劳动教育的实践性，要求学校充分利用校内外资源，建立劳动实践基地，开展形式多样的劳动教育活动。这些政策为劳动教育的具体实施提供了详细的指导，确保劳动教育的质量和实效。

2. **劳动教育纳入课程体系**

劳动教育作为必修课：根据政策要求，劳动教育已被纳入各级学校的课程体系，成为必修课程。例如，《关于全面加强新时代大中小学劳动教育的意见》明确规定，各级各类学校要保障劳动教育的课时安排，小学阶段每周劳动时间不少于 1 课时，初中和高中阶段结合学校实际进行安排，并明确规定职业院校和普通高校要结合专业特色开设劳动教育课程。

劳动教育的学分认定：在高等教育中，劳动教育已成为学分认定的一部分。国家政策要求高等院校将学生参加劳动教育的情况纳入学分管理体系，鼓励学生通过参加志愿劳动、社会实践等多种形式获得学分。这种学分认定制度不仅提高了学生对劳动教育的重视程度，也使劳动教育在高校中的地位得到了制度保障。

3. 多部门协同推进劳动教育

教育部与其他部门的协同合作：劳动教育的发展离不开多部门的协同推进。教育部与人力资源社会保障部、农业农村部等多个部门合作，推动劳动教育的政策落地。例如，教育部与农业农村部合作，建立了一批劳动教育实践基地，结合农村资源和农业生产活动，为学生提供劳动实践的机会。这些跨部门的合作有效整合了社会资源，促进了劳动教育的实践性和多样性。

地方政策的落实与创新：各地根据国家政策，结合本地实际，出台了不同的劳动教育实施细则和鼓励政策。例如，上海市和浙江省在国家政策的引导下，积极探索劳动教育的地方实践，推动校企合作和社区资源共享，为劳动教育的发展提供了创新的实践模式。地方政策的落实和创新丰富了劳动教育的形式和内容，推动了劳动教育在各地区的普及与深化。

4. 劳动教育与"五育并举"教育方针的融合

德智体美劳"五育并举"：国家政策强调劳动教育与德智体美相结合，推进"五育并举"的教育方针。劳动教育与思想政治教育、体育、美育等相互融合，培养学生的综合素质。例如，在劳动教育中融入思想政治教育内容，让学生通过劳动实践了解社会，增强对集体和社会的责任感。在体育和劳动结合的课程中，学生通过劳动锻炼身体素质，培养坚强的意志品质。

国家政策对劳动教育的发展起到了重要的引领作用，通过一系列政策文件的发布、劳动教育课程的设置、多部门的协同合作以及劳动教育与其他教育内容的融合，推动了劳动教育在各级各类学校中的全面普及和发展。政策的引领确保了劳动教育的地位和质量，促进了学生在劳动中增长知识、锻炼意志、增强社会责任感，为全面培养新时代所需的高素质人才奠定了坚实基础。职业院校和各级学校应继续贯彻落实国家政策，创新劳动教育形式，使劳动教育在学生职业生涯和人生发展中发挥更大的作用。

6.1.2 地方政府在劳动教育中的政策支持

地方政府在劳动教育中的政策支持为劳动教育的深入推进提供了关键保障。各地结合本地实际情况，积极落实国家政策，通过发布地方性劳动教育指导文件、建设劳动实践基地、开发特色劳动课程、完善评价激励机制等多种方式，推动劳动教育的全面发展。

1. 地方性劳动教育指导文件的发布

各地政府根据国家劳动教育政策，制定了地方劳动教育实施方案，以确保政策的本地化落地。例如，天津市依据教育部《大中小学劳动教育指导纲要（试行）》，结合本市教育实际，在深入调研、反复论证、广泛征求各方面意见的基础上，研究制定了《天津市关于全面加强新时代大中小学劳动教育的若干措施》《天津市义务教育学校劳动教育课程建设指南》《天津市普通高中劳动教育课程建设指南》《天津市职业院校劳动教育课程建设指南》和《天津市普通高等学校劳动教育课程建设指南》。上海市发布了《上海市加强新时代大中小学劳动教育的实施意见》，明确了各级学校劳动教育的目标、任务和内容，细化了劳动教育课程的设置和实践活动的安排，同时设立劳动教育专项资金，保障劳动教育的有效落实。浙江省也发布了《浙江省中小学劳动教育实施细则》，明确了劳动教育的具体目标和评价标准，要求各学校结合地方经济特色，开展丰富多样的劳动教育活动，形成具有地方特色的劳动教育模式。

2. 劳动教育实践基地的建设

地方政府积极推动劳动教育实践基地的建设，为学生提供真实的劳动实践环境。例如，天津市搭建平台，为区域和学校优秀特色课程、创新项目案例提供交流分享渠道，实现优质资源共享。举办全市劳动教育经验交流、专题研讨会，推广和宣传学校劳动教育富于创新的经验做法，为打造更多天津劳动教育品牌奠定基础。继续加强劳动教育课程体系建设，保证稳定性、连贯性。进一步加强劳动与技术、通用技术课程等劳动教育主干课程建设，确保开足课时。统筹劳动教育与其他诸育，统筹劳动实践与学科教学，统筹日常生活劳动、生产劳动和服务性劳动实践，构建具有综合性、实践性、开放性和时代性的劳动教育课程体系。继续提高劳动教育资源建设水平。加强劳动教育实践基地建设，整合资源，以学农、学工为重点建设两个市级劳动教育实践基地，每个区至少建设1个区级劳动教育实践基地。加强劳动教育师资建设，确保各区至少有1位劳动教育专任教研员，各校至少有1位专职劳动教育教师，鼓励学校聘请劳动经验丰富、有技术专长的人士担任劳动教育兼职教师，逐步构建专兼职相结合的劳动教育教师队伍。开展劳动教育研究。依托天津市教育科学研究院成立学生劳动教育研究中心，立足天津，面向全国，放眼世界，以创新为导向，开展更深层次的劳动教育理论研究、国内外劳动教育经验比较研究和应用研究，为天津市劳动教育实践提供有力的理论支撑和指导。

北京市通过政府与企业、社区的合作，建立了多个劳动教育实践基地，让学生可以参与农业种植、手工业制作、社区服务等多种劳动实践活动。这些实践基地为学生提供了丰富的劳动体验，增强了劳动教育的实践性和多样性。广东省则鼓励学校与本地企业和社区合作，共建劳动教育基地，让学生在真实的生产环境中进行劳动实践，如在企业的生产车间进行劳动操作，掌握生产技能。这种校企合作模式不仅提升了学生的劳动水平，还增强了他们对职业环境的适应能力。

3. 劳动教育课程体系的地方化

地方政府支持学校根据地方经济、文化和资源特色开发劳动教育课程，推动劳动教育的地方化发展。例如，江苏省鼓励学校利用本地的传统手工艺、农业种植等资源，开设与地方经济特色相关的劳动课程，如苏州的刺绣工艺和无锡的稻米种植等，让学生在劳动中了解地方文化和经济特色，增强对劳动的兴趣和认同感。同时，成都市还推动学校开发特色劳动教育校本课程，如社区环境美化、城市农园种植等，丰富了劳动教育的内容和形式，提升了劳动教育的趣味性和多样性。

4. 劳动教育的评价与激励机制

地方政府还积极探索将劳动教育纳入学生综合素质评价体系，提高学生对劳动教育的重视程度。例如，山东省在中小学评价体系中加入了劳动教育的评价指标，将学生参加劳动实践的表现作为学业考核的重要内容之一。同时，地方政府通过设立表彰和奖励机制，激励劳动教育的开展。例如，福建省设立劳动教育专项表彰，评选"劳动教育示范学校"和"劳动之星"，对在劳动教育中表现突出的学校和学生给予奖励，以激励更多学生积极参与劳动教育，推动劳动教育的深入发展。

5. 劳动教育与社会服务的结合

地方政府还鼓励将劳动教育与社会服务结合，推动学生在劳动中服务社会。例如，杭州市鼓励学生参与社区服务活动，如垃圾分类宣传、公共设施维护等，将劳动教育与社会公益紧密结合。这种模式不仅培养了学生的劳动技能，还增强了他们的社会责任感和公民意识。此外，广西壮族自治区特别关注农村地区的劳动教育，鼓励学生到农村进行农业劳动实践，通过实地劳动体验农民的辛勤劳动，培养学生的劳动精神和吃苦耐劳的品质。

地方政府在劳动教育中的政策支持通过发布指导文件、建设实践基地、开发特色课程、完善评价机制以及推动劳动教育与社会服务的结合，促进了劳动教育的深入和多样化发展。这些措施不仅提高了学生的劳动技能和实践能力，还增强了他们的社会责任感和对劳动的认同感，为培养新时代的高素质劳动者和社会建设者奠定了坚实基础。未来，地方政府应继续结合本地实际情况，创新劳动教育形式，为劳动教育的高质量发展持续提供支持。

6.1.3 劳动教育的制度化建设

劳动教育的制度化建设是推动劳动教育深入、持续和规范化开展的重要基础。通过建立系统化、标准化的制度，高职院校可以确保劳动教育的有效性和可持续性，为学生提供稳定的劳动教育环境，从而促进学生劳动素养和职业技能的全面发展。

1. 建立劳动教育课程标准

劳动教育的制度化建设首先需要建立明确的课程标准。课程标准的建立为各职业院校的劳动教育提供了统一的指导和衡量依据。例如，制定劳动教育的课程目标、内容框架和实施要求，明确不同年级和专业的劳动教育内容和目标，使劳动教育的开展更加系统化和规范化。通过课程标准的建立，确保劳动教育在各校的实施能够达到预期的培养目标，提高劳动教育的整体质量。

2. 建立劳动教育评价机制

科学合理的评价机制是劳动教育制度化的重要组成部分。劳动教育评价机制的建立有助于对学生在劳动过程中的表现进行系统性评估。例如，可以通过劳动技能考核、学习态度评估、团队合作表现等方面对学生进行多维度的评价。此外，建立劳动教育成绩档案，将学生的劳动成绩纳入学分管理体系，以提高学生对劳动教育的重视程度。这样的评价机制可以有效激励学生积极参与劳动教育，促进其全面发展。

3. 制定劳动教育的保障制度

劳动教育的制度化建设还需要建立完善的保障制度，包括师资、场地、经费等方面的支持。例如，设立劳动教育专项经费，用于保障劳动教育课程的实施和实训基地的建设，确保劳动教育的顺利开展。同时，加强劳动教育教师队伍的建设，通过专业培训、职称评定等方式提高教师的劳动教育能力，确保劳动教育的师资力量充足。此外，学校应提供充足的场地和设施，以满足不同劳动教育活动的需要。

4. 劳动教育的校企合作制度

为了增强劳动教育的实践性，制度化的劳动教育应重视校企合作。建立劳动教育与企业合作的制度，可以为学生提供更真实的劳动环境和更多的实训机会。例如，与当地企业建立长期合作关系，定期组织学生到企业进行劳动实践，使他们在真实的生产环境中锻炼职业技能和职业素养。通过校企合作，劳动教育可以更好地与职业教育相结合，提升学生的就业竞争力。

5. 劳动教育的法律法规支持

劳动教育的制度化需要法律法规的支持，以保障其在教育体系中的地位和有效实施。国家和地方政府应出台相关政策和法律法规，明确劳动教育在教育体系中的重要地位和基本要求，保障劳动教育课程的时间安排和内容落实。例如，可以通过立法规定劳动教育的课时比例，将劳动教育纳入学生的学业考核和毕业条件，从而确保劳动教育的有效实施和持续推进。

劳动教育的制度化建设是推动劳动教育规范化、持续化开展的重要保障。通过建立劳动教育课程标准、评价机制、保障制度、校企合作制度以及法律法规支持，院校可以为学生提供更加系统和有效的劳动教育环境，促进学生在劳动中获得全面发展。未来，职业院校应继续推进劳动教育的制度化建设，为学生提供更加优质的劳动教育资源和环境，培养具备劳动精神和职业技能的高素质人才。

6.2 劳动教育课程体系的持续改进

6.2.1 课程内容的动态调整

课程内容的动态调整是劳动教育持续发展的重要保障。在不断变化的社会需求和经济环境下，劳动教育的课程内容需要与时俱进，及时进行调整，以适应新兴产业的发展和学生成长的需要。这种动态调整不仅能够使劳动教育更具时代性和针对性，还能提高学生的职业竞争力和综合素质。

1. 根据社会需求调整课程内容

适应新兴产业发展：随着新兴产业的快速崛起，劳动教育课程内容需要进行相应的调整。例如，智能制造、人工智能和绿色农业等新兴领域对劳动技能提出了新的要求，劳动教育课程应融入这些领域的基础知识和操作技能，以培养学生适应未来产业需求的能力。广东省一些职业院校在课程中加入了智能制造相关的内容，通过实践教学让学生了解自动化生产线的操作和维护，从而满足企业对智能制造技能的需求。

应对区域经济特点：劳动教育的课程内容应根据本地经济特点进行动态调整。例如，在以农业为主的地区，劳动教育可以重点围绕现代农业技术展开，包括农作物的科学种植、农产品加工等内容。而在制造业集中的地区，劳动教育可以加入更多与机械加工、设备维护相关的实践内容，以更好地为本地经济服务。

2. 融入时代前沿技术

信息技术的应用：随着信息技术的快速发展，劳动教育需要将信息技术融入课程内容。例如，浙江省一些职业院校在劳动教育中引入了物联网技术，学生通过物联网设备参与劳动实践，学习如何运用数据进行劳动过程的优化。这不仅增强了劳动教育的科技含量，还提高了学生在劳动中分析和解决问题的能力。

可持续发展理念的引入：劳动教育课程还应融入可持续发展的理念，帮助学生在劳动中理解环境保护和资源节约的重要性。例如，江苏省一些学校在劳动课程中加入了垃圾分类、生态农业等内容，通过实践活动培养学生的环保意识和责任感。这些内容的动态调整不仅提升了学生的劳动技能，还增强了他们的社会责任感。

3. 结合学生兴趣和能力的个性化调整

因材施教的课程设置：劳动教育的课程内容应根据学生的兴趣和能力进行个性化的调整，确保每个学生都能在劳动教育中找到适合自己的方向。例如，对于喜欢农业的学生，可以设置更多的农业劳动实践内容；对于喜欢科技的学生，则可以提供涉及机器人操作、编程等方面的劳动课程。通过这种因材施教的方式，劳动教育能够更加贴合学生的个性化发展需求，激发他们的劳动兴趣和创造力。

劳动难度的分级设置：劳动教育课程还可以根据学生的年龄和技能水平，动态调整劳动内容的难度。例如，低年级学生可以从简单的劳动任务入手，如清洁和整理物品；高年级学生则可以参与更复杂的劳动项目，如参与社区服务或学校的基础设施维护。这种分级设置的方式，既能够保证学生的劳动体验符合其认知发展水平，也能逐步提高他们的劳动能力和实践技能。

4. 通过反馈机制进行课程优化

基于反馈的课程改进：劳动教育课程的动态调整离不开反馈机制的支持。学校应建立科学的反馈机制，收集学生和教师对劳动课程的意见和建议，并据此对课程内容进行及时的优化。例如，山东省某职业学校通过定期调查学生的劳动体验，发现部分劳动项目过于重复，缺乏挑战性，于是对课程内容进行了调整，增加了创意手工、智能设备操作等新项目，以增加学生的劳动兴趣和参与度。

行业专家的参与：劳动教育的课程内容调整还应吸纳行业专家的意见，通过与企业和行业的合作，了解劳动市场的最新需求，确保课程内容能够紧跟行业发展。例如，福建省一些职业院校定期邀请企业专家参与课程的评估与调整，确保劳动教育的内容符合企业的用人标准，使学生在毕业后能够快速适应工作岗位。

课程内容的动态调整是确保劳动教育与时代同步、与学生需求相适应的重要手段。通过紧扣社会需求、融入前沿技术、结合学生兴趣和能力以及建立反馈机制，劳动教育的课程能够不断进行优化和创新，为学生提供更加丰富和多样化的学习体验。地方政府和学校应继续探索课程内容的动态调整机制，以培养适应现代社会和经济发展需求的高素质劳动人才。

6.2.2 劳动教育与专业技术发展的对接

劳动教育与专业技术发展的对接，是职业教育中实现技能培养与劳动精神塑造相结合的重要路径。通过将劳动教育与专业技术学习紧密结合，学生不仅能够掌握基本的劳动技能，还能通过实践不断提升专业能力，增强职业适应性和就业竞争力。这种对接既是劳动教育与时代发展需求相结合的具体体现，也是培养高素质技术技能人才的有效途径。

1. 劳动教育融入专业课程体系

融合式课程设计：职业院校可以将劳动教育融入专业课程体系，通过实际操作和项目实践，让学生在掌握专业知识的同时体验劳动的价值。例如，在机械制造专业课程中，学生除了学习机械原理和设计，还要参与设备的装配和调试工作。在食品生产技术课程中，学生则可以动手参与食品加工的全流程，了解每个环节中的劳动要求。通过这种融合式的课程设计，学生在学习专业理论的同时，提升了实际操作能力和对职业的认同感。

项目驱动式劳动教育：基于项目驱动的学习模式，将劳动教育与专业学习结合起来。例如，在电子工程课程中，学生通过完成实际的电路设计与焊接项目，不仅能够学会如何运用所学知识解决实际问题，还能够在劳动中培养团队合作和创新能力。这样，学生在实践中深入理解了专业技术的应用场景，形成了知识与技能的有机结合。

2. 校企合作促进劳动教育与技术发展的融合

企业实训与劳动教育结合：校企合作是推动劳动教育与专业技术发展深度融合的重要方式。职业院校可以与企业合作，共同建立实训基地，让学生在企业的真实生产环境中进行劳动实践。例如，广东省的多家职业院校与当地制造企业合作，学生在企业导师的指导下学习生产线操作、设备维护等实际技能。这些校企合作实训基地为学生提供了与职业岗位相近的学习环境，帮助他们熟悉企业的工作流程和技术要求，缩短了从校园到职场的适应期。

企业导师参与劳动教育：企业导师的参与可以使劳动教育与行业需求无缝衔接。职业院校可以邀请企业的技术人员作为导师，指导学生进行专业技术的操作训练。例如，福建省的一些职业院校通过企业导师的参与，使学生了解行业最新的技术标准和操作规范。这种合作不仅使劳动教育更加符合企业的实际需求，也增强了学生对未来职业的信心和认同。

3. 融入新兴技术的劳动教育

智能制造技术的融入：随着智能制造的兴起，职业院校在劳动教育中加入了智能制造相关内容。例如，在数控技术课程中，学生可以通过操作数控机床和工业机器人来完成指定的生产任务，从而掌握现代制造技术的基础技能。这种劳动教育与技术发展的对接，使学生具备了应对工业 4.0 时代需求的能力。

信息化工具与劳动教育结合：信息化工具的应用，使劳动教育与专业技术的对接更加高效。例如，浙江一些职业院校在劳动教育中使用物联网设备，学生通过远程监控系统了解设备的运行状态，并通过数据分析优化劳动过程。这种信息化的劳动教育不仅让学生更好地掌握现代科技，还增强了他们在实践中解决问题的能力。

4. 通过职业技能竞赛实现劳动教育与专业技术发展的结合

技能竞赛中的劳动实践：职业技能竞赛是劳动教育与专业技术发展的有效结合形式。通过参与技能竞赛，学生不仅可以检验自己在劳动实践中的专业技能，还能通过竞赛中的挑战激发创新能力。例如，全国职业技能大赛涉及多个专业技术领域，学生在比赛中需要完成复杂的操作任务，竞赛的内容往往代表了行业的先进水平和最新技术，通过参与竞赛，学生能够接触到行业前沿技术，并在劳动实践中不断提升自己的技能水平。

竞赛成果的课程转化：竞赛中的优秀成果可以成为劳动教育的重要教学资源。例如，在无人机组装与维护的技能竞赛中，一些创新性的操作流程和技术突破可以被纳入课程，作为其他学生学习的案例，使劳动教育质量与专业技术学习能力共同提升。

5. 劳动教育师资与专业技术能力的提升

双师型教师的培养：劳动教育与专业技术的结合需要高水平的"双师型"教师。职业院校应通过专业培训和企业实践，提高教师的专业技术水平。例如，山东省的职业院校实施"教师企业实践计划"，鼓励劳动教育教师进入企业接受技术培训，使其既具备扎实的理论知识，又掌握企业中的实际操作技能。这样的"双师型"教师能够更好地指导学生在劳动中学习专业技术，提升劳动教育的质量。

企业专家与教师联合授课：职业院校还可以采用企业专家与学校教师联合授课的模式。

例如，在建筑工程课程中，企业专家通过实际项目为学生讲解施工中的劳动实践，而学校教师则负责理论知识的讲授，这种联合授课的方式使学生能够获得更加全面的学习体验，深入理解专业知识与劳动实践之间的联系。

劳动教育与专业技术发展的对接，是职业院校培养高素质技术技能人才的重要途径。通过将劳动教育融入专业课程体系、开展校企合作、引入新兴技术、参与职业技能竞赛以及培养"双师型"教师，职业院校能够实现劳动教育与专业技术学习的有机结合，使学生具备扎实的职业技能和积极的劳动态度。未来，职业院校应继续探索和创新劳动教育的实施方式，推动劳动教育与专业技术的深度融合，为学生的职业发展奠定坚实基础。

6.3 劳动教育与国际合作

6.3.1 国际劳动教育的合作前景

随着全球化进程的不断深入，国际劳动教育的合作前景愈加广阔。劳动教育不仅是培养学生动手能力和职业素养的重要途径，也是促进国际交流和理解的桥梁。在国际合作的背景下，劳动教育可以通过借鉴各国的先进经验，实现资源共享、互学互鉴，从而不断提升劳动教育的质量和成效。以下是国际劳动教育合作的主要前景和途径：

1. 国际经验交流与共享

借鉴国际先进经验：许多国家在劳动教育方面拥有丰富的经验和成熟的实践模式。例如，德国的"双元制"教育体系将课堂学习与企业实践紧密结合，是劳动教育与职业教育相结合的成功典范。通过国际合作，我国职业院校可以借鉴这些先进经验，将劳动教育与职业技术培训有机融合，提升劳动教育的实效性。

国际研讨会与交流项目：举办国际研讨会和学术交流活动是推进劳动教育国际合作的重要方式。例如，定期举办的国际职业教育论坛为各国劳动教育从业者提供了交流的平台，分享各国劳动教育的创新成果和实践经验。这种国际研讨会和交流项目的开展，不仅有助于我国了解劳动教育的国际发展趋势，还为引进先进理念和方法提供了可能。

2. 国际合作项目与实践基地建设

共建国际劳动教育实践基地：通过国际合作共建劳动教育实践基地，为学生提供跨国实践机会。例如，一些欧洲国家的职业院校与中国的职业学校合作，共同建立农业、制造业等领域的劳动教育实践基地。学生可以在这些基地中通过跨国交流与合作，了解不同国家的劳动方式和生产技术，从而拓宽国际视野，增强适应全球化工作的能力。

跨国企业的实习与培训：跨国企业可以成为国际劳动教育合作的重要平台。职业院校可以与跨国公司合作，为学生提供国际化的劳动实践机会。例如，中国的一些职业学校与德国企业合作，组织学生到德国进行为期数月的劳动实践，通过这种方式，学生不仅掌握了先进的技术技能，还增进了对国际企业文化的理解。

3. 劳动教育课程的国际化发展

国际化课程的开发与实施：劳动教育课程的国际化是推动劳动教育合作的重要内容之一。职业院校可以与国际教育机构合作，开发适应不同文化背景的劳动教育课程。例如，结合"一带一路"倡议，职业院校可以与沿线国家的教育机构共同开发劳动教育课程，帮助学生了解不同国家的劳动文化和职业技能需求，从而增强国际理解与合作能力。

双语教学与跨文化培训：为了提升学生的国际化素养，职业院校可以在劳动教育中开展双语教学和跨文化培训。例如，在劳动教育课程中融入英语等外语的学习，使学生在学习专业技术的同时，也提升语言能力。这种双语劳动教育不仅有助于学生未来在国际环境中工作，也增强了他们在跨文化交流中的竞争力。

4. 劳动教育国际标准的建立与推广

建立国际化劳动教育标准：随着劳动教育国际合作的深入，有必要建立统一的国际化劳动教育标准。通过制定劳动教育的国际标准，可以为各国职业院校的劳动教育提供参考和指导，促进各国劳动教育的规范化和标准化。例如，职业技能认证的国际化是劳动教育标准化的重要组成部分，通过国际认证，学生的劳动技能得到国际认可，这将为他们的职业生涯提供更多国际化的机会。

国际认证与学生流动：建立国际劳动教育标准，有利于推动学生在不同国家之间流动。职业院校可以通过国际认证，确保学生的劳动技能和实践经验在国际上得到认可，这将为学生的跨国就业和职业发展提供便利。例如，参与国际职业技能认证的学生可以更容易获得国外企业的实习和就业机会，增强国际竞争力。

5. 劳动教育文化的国际交流与融合

劳动文化的互鉴：劳动教育不仅是技能的培养，也是劳动文化的传承与发展。各国在劳动教育中都有独特的文化内涵，通过国际合作，可以实现劳动文化的互鉴。例如，中国的传统手工艺和德国的精益生产理念在劳动教育中的结合，可以使学生在学习技能的同时，感受到不同文化背景下的劳动精神和价值观念，这种融合有助于培养学生的全球视野和开放心态。

国际劳动教育交流活动：组织学生参加国际劳动教育交流活动，可以增强他们的跨文化理解和合作能力。例如，举办国际劳动技能竞赛、跨国劳动实践周等活动，让学生在国际化的环境中展示和交流劳动成果，提升他们的自信心和国际合作意识。这种交流活动不仅丰富了劳动教育的形式，也为学生提供了展示自我的国际舞台。

国际劳动教育的合作前景十分广阔，通过国际经验交流、合作项目建设、课程国际化、标准建立以及劳动文化的互鉴，可以不断提升劳动教育的质量和影响力。劳动教育的国际合作，不仅为学生提供了丰富的学习和实践机会，还帮助他们建立了全球视野，提升了跨文化交流和合作能力。职业院校应积极参与国际劳动教育的合作，借鉴国际先进经验，创新劳动教育形式，培养适应全球化需求的高素质劳动者和技术人才。

6.3.2 高职院校国际劳动教育经验的引入

引入国际劳动教育经验是高职院校提升劳动教育质量和效果的重要手段。通过借鉴国外先进的劳动教育模式，高职院校可以在课程设计、教学方法、实训设施等方面进行改进，以更好地满足学生的发展需求和社会的用人需求。

1. 借鉴"双元制"教育模式

德国的"双元制"教育体系是职业教育的成功典范，将课堂教学与企业实践紧密结合，使学生在学习理论知识的同时，获得企业实践经验。高职院校可以通过与国外企业合作，建立类似的实训模式，使学生在校学习期间就能够进入企业进行实习，了解企业的生产流程和工作要求，从而提高学生的职业适应能力和综合素质。这种模式还可以通过校企联合培养，增加学生与行业的深度接触，使他们的职业技能更加贴合企业需求，缩短就业后的适应期。

2. 引入国际化教学方法

高职院校可以借鉴国际先进的教学方法，以提高劳动教育的效果。例如，项目式学习和基于问题的学习在欧美国家职业教育中应用广泛，这些方法注重学生的实践能力和问题解决能力的培养。通过引入这些方法，高职院校可以在劳动教育课程中让学生参与实际项目和问题情境，提升他们的创新能力和动手实践能力。此外，灵活多样的教学方式能够更好地满足不同学习风格的学生需求，激发学生的学习热情和创造性思维。

3. 建立国际合作实训基地

通过与国外职业教育机构和企业的合作，高职院校可以建立国际化实训基地，为学生提供跨国实训的机会。例如，中国的一些职业院校与德国、瑞士等国家的企业合作，建立了面向高职学生的实训基地，学生可以在这些基地中体验国际标准的生产流程和技术要求，提升专业技能和职业素养。这种国际化的实训不仅丰富了学生的劳动教育内容，也提高了他们的国际视野和适应能力。学生在跨国实训中不仅能学习先进的技术，还能感受到不同国家的职业文化和工作氛围，这对培养学生的跨文化沟通能力和适应全球化工作环境有着重要作用。

4. 国际劳动技能认证的引入

为了提高学生的国际竞争力，高职院校可以引入国际劳动技能认证体系。例如，引德国的职业技能认证标准，使学生在完成劳动教育课程后，能够获得国际认可的技能证书。这些证书不仅是对学生劳动技能的认可，也是他们未来在国际劳动市场上的重要竞争优势。通过国际认证，学生可以获得更多的跨国就业机会，特别是在国际化企业或国际项目中。此外，国际认证的引入也推动了劳动教育课程标准的提高，使其更加符合国际化的质量要求，促进了高职院校与国际职业教育的接轨。

5. 开展国际交流与师资培训

高职院校可以通过国际交流与合作，不断提升劳动教育师资的专业水平。例如，派遣教师到国外职业院校进行进修和培训，学习先进的劳动教育理念和教学方法，提升其教学能力。同时，还可以邀请国外专家来校讲学或进行短期培训，为教师提供国际视野和新的教学思路。这种师资培训的国际化，有助于劳动教育质量的整体提升。同时，通过与国外教育机构的合作，高职院校教师可以了解国际教育的发展动态，掌握最新的教学工具和技术手段，将其运用到日常教学中，不断创新劳动教育的形式和内容。

引入国际劳动教育经验可以在课程设计、教学方法、实训设施和师资培训等方面为高职院校的教学效果带来显著改进。借鉴国外的先进经验，有助于提高学生的职业技能和劳动精神，提升他们的国际竞争力。通过建立国际合作实训基地、引入国际技能认证、采用国际化教学方法等途径，高职院校可以全面提升劳动教育的质量。未来，高职院校应继续深化国际合作，创新劳动教育模式，培养适应全球化需求的高素质技术技能人才，为社会培养更具竞争力和适应性的职业人才。

后　记

　　本书从理论和实践的多重维度，探讨了新时代背景下高职院校劳动教育的发展与实施路径。通过对劳动教育的历史回顾、理论分析及实际案例的深入研究，我们得以全方位理解劳动教育在当前职业教育体系中的核心地位和重要作用。

　　在编写过程中，我们深刻认识到劳动教育不仅是一项基础性教育内容，更是推动学生全面发展的关键手段。通过劳动教育，学生不仅能够掌握职业技能，还能够培养创新精神、责任意识与团队合作能力。这与新时代对技能型人才的需求相契合，为高职院校学生的职业发展打下坚实的基础。

　　本书的完成离不开各类文献资料的支持，以及各院校在劳动教育实践中的宝贵经验。特别是一些高职院校在校企合作、课程素养等方面的创新做法，为劳动教育的进一步发展提供了启示。在此，我们对在这项研究中所涉及的学校、教师及学生表示诚挚的感谢。

　　与此同时，我们也深知，劳动教育的实施并非一蹴而就。在新的社会经济背景下，劳动教育将面对更多挑战，例如，如何应对新技术对传统劳动方式的冲击，如何更加有效地培养学生的创新能力与社会责任感等。这些问题将成为未来劳动教育改革的重要议题，也将为我们后续的研究和实践提供新的思考方向。

　　本书虽已完成，但劳动教育的探索和创新永无止境。希望本书能够为高职院校的教育工作者、政策制定者提供有价值的参考，并推动劳动教育在新时代背景下继续前行。我们也期待社会各界对劳动教育的进一步关注与支持，共同为培养具备综合素质的新时代人才贡献力量。

　　最后，衷心感谢各位读者的阅读与关注。若本书能为您的教育实践或研究工作带来启发与帮助，则是我们最大的荣幸。